JN220772

仕事が速い人は図で考える

奥村隆一

KADOKAWA

瞬時に答えが導き出せる5つの図のスキル

本書では思考を整理する目的で用いる図として5つご紹介します。
図の選び方に明確なルールはありませんが、
本書では以下のような使い分け方で解説しています。

問題・悩みの内容 → **図の種類**

- 問題を改善したい

→ **ツリー図**

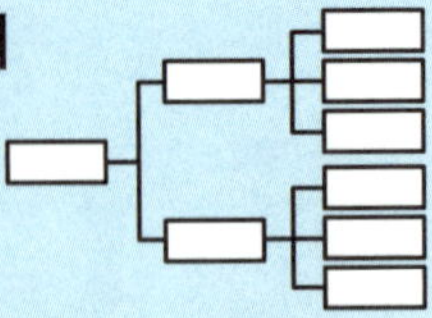

- 問題を解決したい

→ **フロー図**

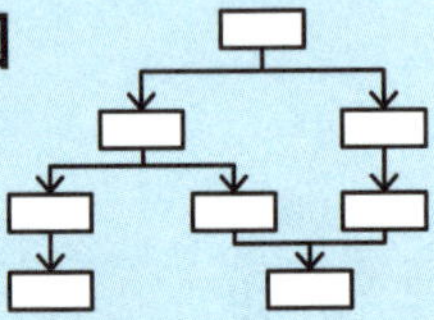

- 対策を考えたい
- アイデアを出したい

→ **マトリクス図**

	A	B	C
1			
2			
3			

- 対立の合意点を探りたい
- 交渉の落としどころを見つけたい

→ **ベン図**

- 最善の選択をしたい
- 最善の案を見つけたい

→ **点グラフ**

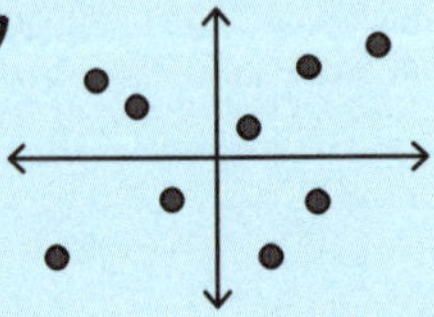

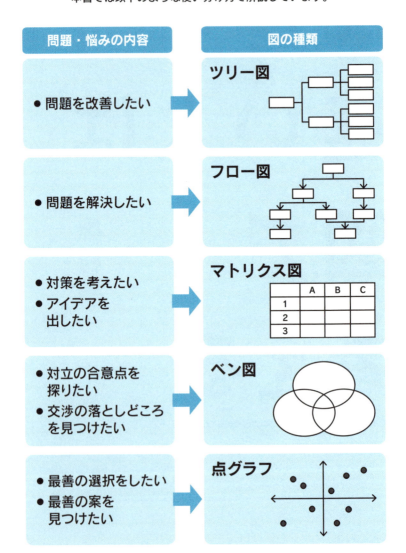

はじめに

多くのビジネスパーソンは、日々、時間に追われて仕事をこなしています。

一方、涼しげな顔をしながら、余裕を持って毎日の仕事をこなしている人がいます。

この両者の違いは、いったい何なのでしょうか。

資料を作成するスキル？

スケジュール管理のスキル？

もちろん、どれも優れているにこしたことはありません。

しかし、多くの人が見落としがちな、重要な違いがもうひとつあるのです。

それは、**考えをまとめるスピード**です。


ビジネスパーソンは、つねに「顧客とのトラブルの問題解決策」「適切な発注先の見つけ方」「新商品の販売戦略の立案」などの問題や課題が山積みです。

そのため、多くの人がそれらの答えを出す行為にかなりの時間を割いています。

じつは、この「考える時間」に、仕事が速い人と遅い人の大きな違いがあるのです。

私はこれまでに自社や大学、地方の行政機関などにおいて、累計で１０００人以上のビジネスパーソンに「考えをまとめる技術」の研修を行ってきました。

その研修の中で、多くの人が自己流の方法で自分の考えをまとめていることに気がつきました。

もちろん唯一の正しい考え方が存在するわけではありませんが、**あまりに経験則で行っているケースが散見され、やみくもに時間を浪費しているだけという人がとても多い**のです。

書店の棚を見ると、エクセル作成やパワーポイント作成などの事務作業を改善するための書籍は多く出ています。それだけ、事務作業を意識しているビジネスパーソンが多いということなのでしょう。

しかし、「考える」という行為に関しては、傍から見て、考えるのが速い人と遅い人の違いがわかりづらいため、「自分の考えのまとめ方を見直してみよう」という意識を持つまでには至らない人が多いようです。

しかも、考えるスピードが速い人は、ろくに考えずに行動しているようにも見えてしまうので、「考えをまとめるのが速い人＝考えないで行動している人」という誤解をしてしまっている人さえいます。

このような人が、自分の考えのまとめ方を学び、考えるスピードがアップすると、それに比例して仕事の生産性も劇的に向上するのです。

私が研修でお伝えしているのは、**図を活用した思考法**です。

この技術を身につけると、**抱えている問題や課題の答えを最短ルートで導き出せるようになります**。

図を活用したビジネススキルというと、多くの人はプレゼンテーション、つまり「人に見せる」ためのものだと考えると思います。

しかし、図は人に情報を効果的に伝えるだけでなく、さまざまな情報を効率的に整理・分析し、構造化するときにもじつは役立つツールなのです。

本書でご紹介する「図解思考術」は、次の3つのステップから成り立っています。

（STEP1）「具体例」を探す

（STEP2）「比較」する

（STEP3）図を描いて、答えを導き出す

STEP3では、次の5つの図を使い分けて答えを導き出します。

（図の技法1）ツリー図

（図の技法2）フロー図

（図の技法3）マトリクス図

（図の技法4）ベン図

（図の技法5）点グラフ

初めのうちは、頭の中だけで考えているときよりも、答えにたどり着くまでに時間がかかるかもしれません。

しかし、何度もこなしていくうちに、これまでよりも必ず答えにたどり着く時間が劇的に圧縮されます。

しかも、答えの精度が格段にアップしていることを実感できるようになるはずです。図解思考のメソッドは、訓練すれば誰でも簡単に習得することが可能な内容なので、繰り返し練習してみて、ぜひ自分のものにしてください。

情報化社会の今、ビジネスシーンにおいて、「スピード」はますます重要になっています。

この本が日々さまざまな問題や課題に直面し、悩んでいるビジネスパーソンの一助となれば幸いです。

奥村 隆一

目次

STEP 1

「具体例」を探す
～原因や事例を書き出してみる～

STEP 2

「比較」する
～「違い」と「共通点」から真の問題点が見えてくる～

STEP 3

「図」にする
～図から答えが浮かび上がる～

装丁／坂川朱音（ｋｒｒａｎ）
本文デザイン・図版作成／吉村朋子

STEP 0

問題を瞬時に解決！
図解思考
3つのステップ

私たちの「考える力」は年々低下している!?

今、あなたはこの本を手にとって読んでいます。

でも、それはなぜでしょうか。

入手したい知識あるいは情報があり、この本を読めば、それが得られると期待しているからでしょうか。

今も昔も、「本」はビジネスパーソンがさまざまな情報を手に入れる基本的な手段のひとつです。ただし、仕事をする上での本の位置づけは、この10～20年の間にすっかり様変わりしました。

今から20年ほど前、ビジネスパーソンが有用な情報を集めようとするときは、専門家に聞くか、本から知識を得るしかありませんでした。

「社内の会議にかけるために新しい企画を考える」

「営業パーソンが成約率を高める営業の方法を考える」
「部下に成果を出してもらうためにどのようなハッパのかけ方が効果的かを考える」
10年ほど前まで、これらの課題や問題を解決するために必要な情報を得る手段は限られていました。

私たちビジネスパーソンが、自分の仕事をもう一段バージョンアップするには、それなりの手間をかけて情報を集めることが求められていたのです。

一方、現在は「高度情報社会」です。

インターネットを使えば、世界中の情報に瞬時に触れることができます。むしろ、気を抜いていると、目から耳から断片的で脈絡のない情報が大量に入り込んでくるほどです。情報を仕入れるという点では、以前より、圧倒的に便利になっているといえるでしょう。

扱える情報量が多くなって判断材料が増えた分、私たちのアウトプットまでのスピードも、質も以前に比べて飛躍的に上がっている——。多くの人がそう考えると思います。

ところが、この大量の情報が、むしろ**私たちのアウトプットの質にマイナスの影響を与えている恐れがある**という指摘があるのです。

テンプル大学・神経意思決定センターのアンジェリカ・ディモカ氏は、このことに関する実験を行いました。

まず、被験者に大量の物件のセリに参加させます。

それぞれの物件は、単品でも組み合わせでも購入が可能です。

しかし、組み合わせとなると、物件の種類が多いと購入パターンは天文学的な数になります。

物件の数を増やしていきながら、MRIを使って被験者の脳を計測してみると、しばらくの間は、背外側前頭前野皮質の動きが活発になっていきますが、ある一定以上に情報量を増やすと、急に脳が活動を停止してしまったのです。

これはいったいどういうことでしょうか。

彼女は、被験者の判断中枢が情報処理限度を超えることで、判断不能（エポケー）状態に陥ったと解釈しています。

判断力の低下に加え、落ち着きをなくし、感情も乱れたそうです。

コロンビア大学のシーナ・アイエンガーは、年金選びに必要な情報の多寡が年金プランの選択にどのような影響を与えるかについて調査しました。すると、情報が多すぎると、「選択そのもの」を放棄し、どの年金プランにも加入しない人が増える、という結果が導かれました。

ペース大学のエリック・ケスラーは、「直感的判断で正しい判断をするには精選された専門知識が必要となる。圧倒する情報は意識の集中を妨害し、本質に迫れなくする」と述べています。

このように、情報化社会の到来によって、私たちの考える力とスピードは、以前と比べて、低下しやすくなっている恐れは十分考えられます。

では、情報化社会の中で、「考える力」と「考えるスピード」を上げていくにはどうすればよいのか。

その答えが、**「図を活用した思考法」**なのです。

図は脳を活性化させ、「考える力」を高めてくれる

情報洪水の中でも、脳を活性化させて「考えるスピード」を上げる方法。
それは、**ノートに図を描いて考える**ようにすることです。
図には、脳の働きを活性化させる次の3つの特徴があります。

1. **瞬間的にイメージできる**
2. **想像力を働かせる余地がある**
3. **物事の関係性を理解するのに適している**

1の「瞬間的にイメージできる」とは、言い換えれば**一覧性がある**ということです。

通常、文章では、一文ずつ読み進めながら情報を得ていきます。

一方、図の場合、とくに読み取る向きや順序は決まっておらず、ひと目で直観的に情報を取得できます。

2の「想像力を働かせる余地がある」とは、多くの情報を盛り込めないという図の特性に関係します。

図に入れられる文字は、文章よりもキーワードやキーフレーズになることが一般的です。しかし、情報が限られていることは欠点ばかりではありません。**脳が情報を補おうとして想像力を働かせ、新たな発想を誘発**してくれるという効果があります。同じ図でも人によって、また同じ人でも異なる精神状態のもとでは別の読み取り方をする可能性があります。

たとえば、図の中に「A→B」（A、Bにはそれぞれキーワードやキーフレーズが入る）と記載されていたとします。これは「AがBに変化した」とも「AによってBが生じた」とも「Aの次にBが来た」とも解釈ができます。情報が不正確ともいえますが、一方で、**解釈に揺らぎが与えられることで、新たなアイデアが生まれる余地がある**ともいえるのです。

3の「物事の関係性を理解するのに適している」とは、**複数の情報を、主従関係を決めずに関係づけられる**ということです。

文章の場合、主語と述語、目的語などを組み合わせるので、どうしても中心となる要素（主体）を中心に情報が組み上げられてしまい、別の読み取り方をしにくいのですが、**図は思考を「視覚化」「構造化」してくれます**。

たとえば、6つの炭素原子が手をつなぎ6角形となる「ベンゼン環」の構造は、ドイツの科学者のケクレが、ヘビが自分自身のしっぽをくわえて円環状になっている夢を見て、このユニークな形を思いついたといわれています。

このように、文章のような表現ツールよりも、図のような瞬間的に認識できる表現ツールのほうが、頭で考えていることを具体化しやすいのです。

文章と図の違い

文章 / **図**

A氏は～をした。
すると、B氏がやってきて～といった。

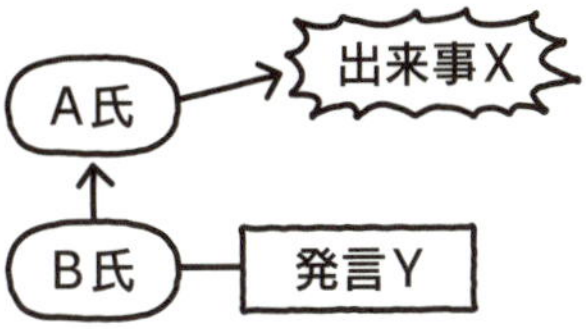

瞬間的に
イメージできる！

Aは昨年の○月○日午前○時○分に、○市にある○実験施設で、○分間にわたり、Bに変化した。

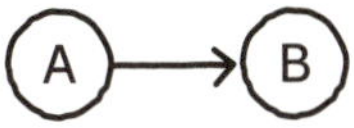

「AがBに変化した」
「AによってBが生じた」
「Aの次にBが来た」

想像力を働かせる
余地がある！

・AはBと連携している
・AはCに委託している
・BはCを支援している

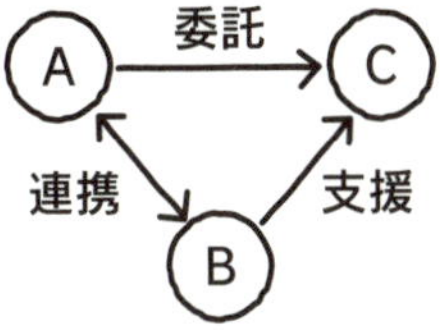

物事の関係性を
理解するのに適している！

図で「考えるスピード」が劇的にアップする4つの理由

図には、思考を効率的に整理させてくれる４つの特徴があります。

１つめは、**図で考えると、論理の誤りを見つけやすい**ということ。たとえば、左上の図のように、「晴れ」「雨」「曇り」「傘」の４つをツリー上に並べて「天気」と括ったとき、「傘」だけが天気を表す言葉でないことが一目瞭然です。

ほかにも、左中央の図のように「合併」「買収」「撤退」「資本提携」「業務提携」を並べて、「企業間関係における経営戦略」と括ると、「撤退」のみが単独企業における企業行動で、他と異なるカテゴリー概念であることがわかります。

２つめは、**因果関係をチェックしやすい**こと。たとえば、左下の図のように「雨が降る」、その結果「水がたまる」という環境があったとします。そこに、「サンダルを履いて外に出る」という行動が合わさると、「足が濡れる」という結果が導かれます。

図を使うと論理的に考えやすくなる

図のメリット1　論理の誤りを見つけやすい

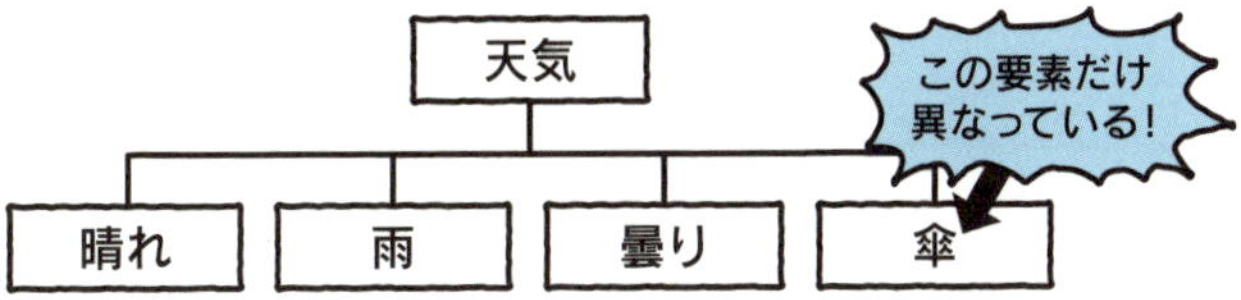

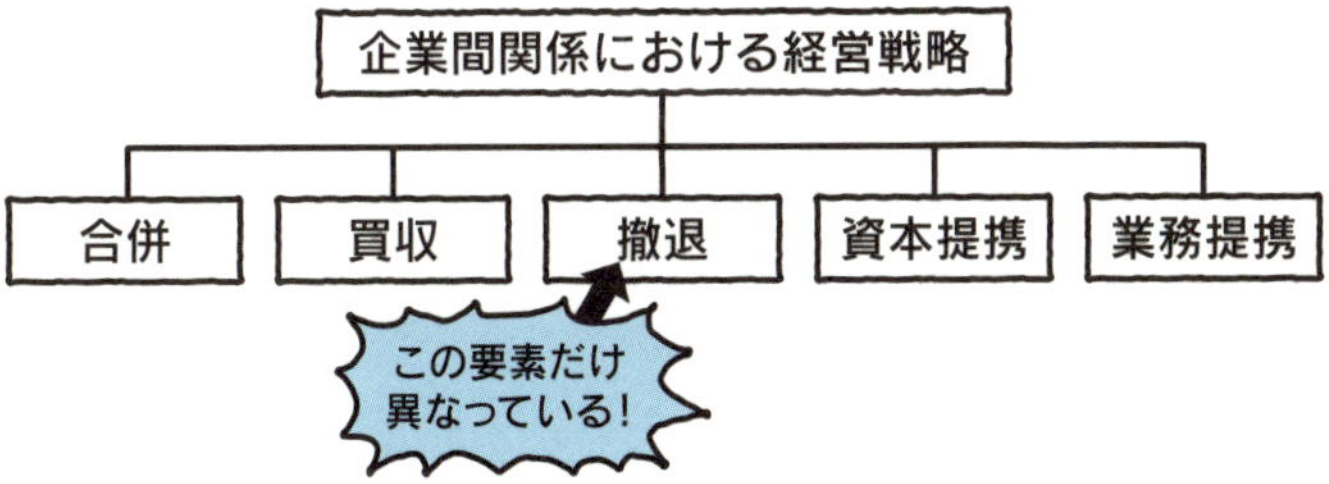

図のメリット2　因果関係をチェックしやすい

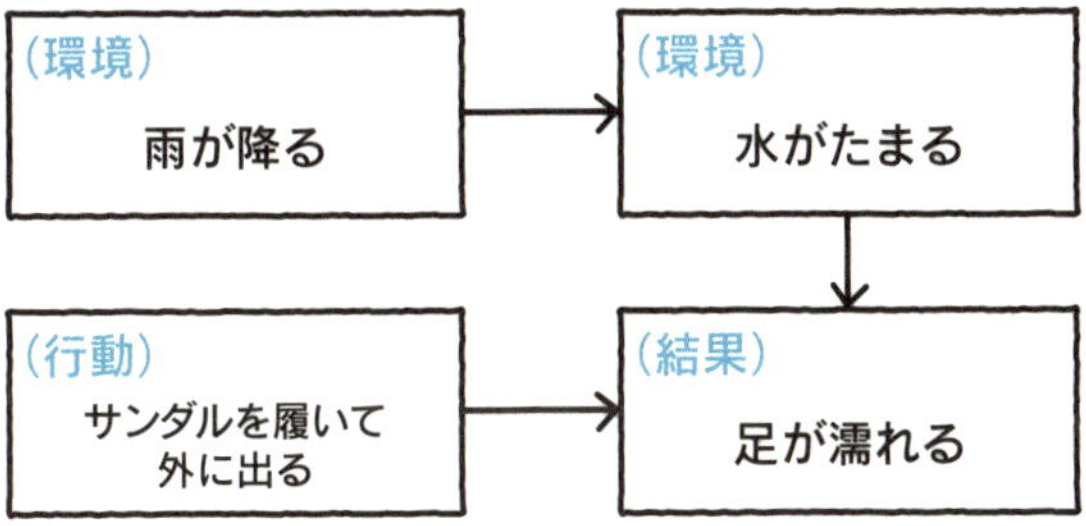

3つめは、**「演繹的」に考えやすい**こと。

たとえば、「犬にはしっぽがある」と「『ポチ』は犬だ」とすると、結論として「『ポチ』にはしっぽがある」が導かれます（左上の図）。これは、大前提と小前提の命題が正しければ、大前提の述語（この場合は「しっぽがある」）と小前提の主語（この場合は「『ポチ』」）を組み合わせた命題（「『ポチ』にはしっぽがある」）が正しいという、いわゆる「アリストテレスの三段論法」です。

4つめは、**「帰納的」に考えやすい**こと。

演繹的な推論が一般的な前提から個別的な結論を得る方法であるのに対し、帰納的な推論とは個別的な事柄から一般的な規則を見出そうとする方法です。

たとえば、同僚のAさんは「仕事でミスが多い」「仕事が終わった途端に元気になる」「最近、遅刻をよくする」という状況だとすると、「Aさんは仕事がイヤなのではないか」と推測するものです（左下の図）。

このように、漫然と頭の中だけで考えるのではなく、図を活用することで、物事をより理解できるようになり、論理的に考えやすくなります。そのため、短時間で答えにたどり着くことができるようになる、ということなのです。

図を使うと推論がしやすくなる

図のメリット3 「演繹的」に考えやすい

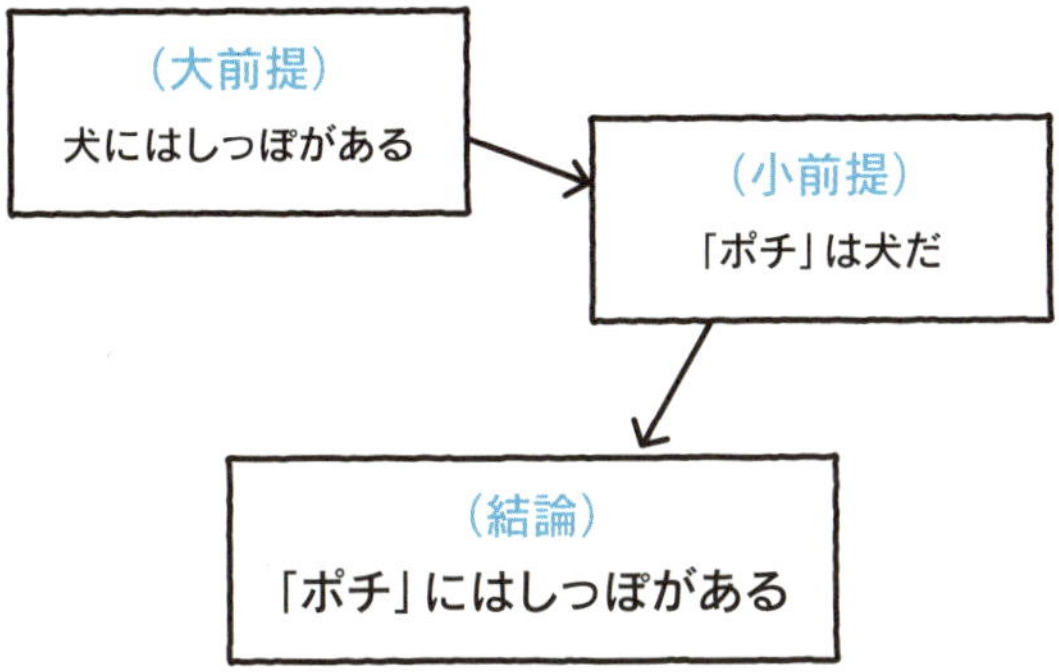

図のメリット4 「帰納的」に考えやすい

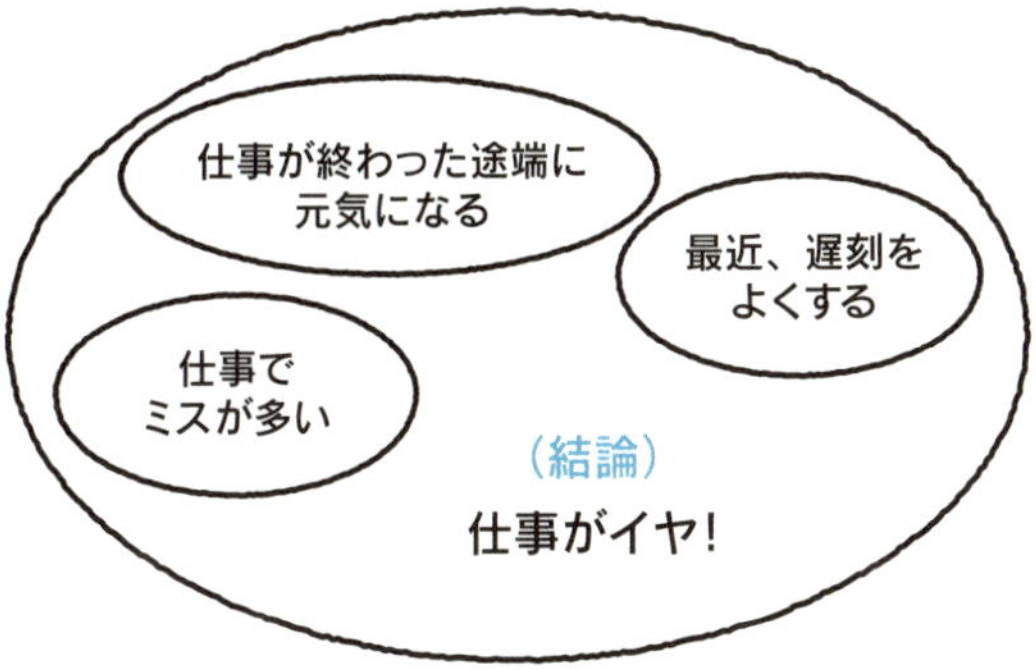

5つの図を使い分け、最短ルートで答えにたどり着く

図で考えるといっても、やみくもに図を描けばよいというわけではありません。思考を整理するための図の技法として、次の5つがあります。

1. **ツリー図**
2. **フロー図**
3. **マトリクス図**
4. **ベン図**
5. **点グラフ**

この5つの図を使い分けて思考を整理することで、無駄なく、効率よく最短ルートで答えを導き出せるようになります。

次項から、この5つの図の技法について順番に解説していきます。

５つの図の技法

図の技法①
ツリー図

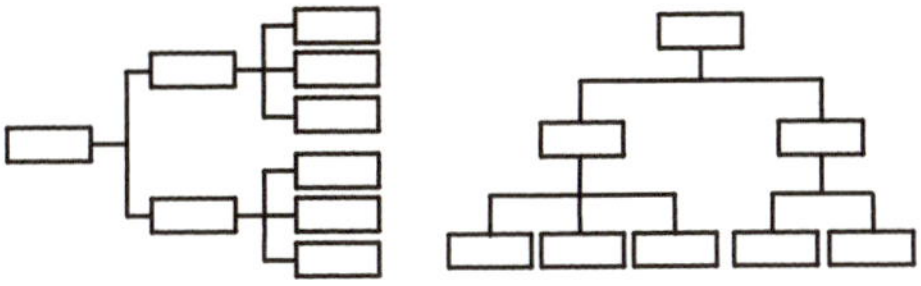

図の技法②
フロー図

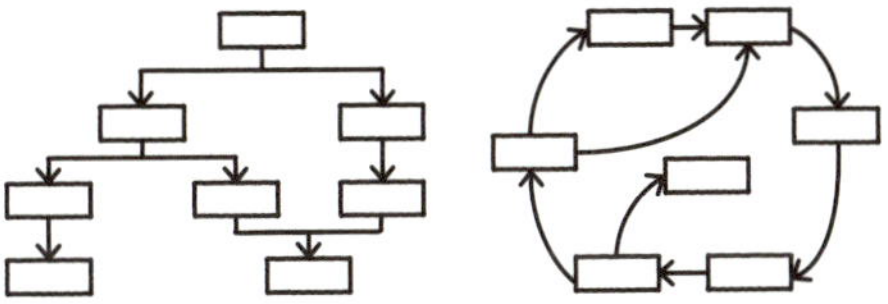

図の技法③
マトリクス図

	1	2	3
A			
B			
C			

		A	
		A1	A2
B	B1		
	B2		

図の技法④
ベン図

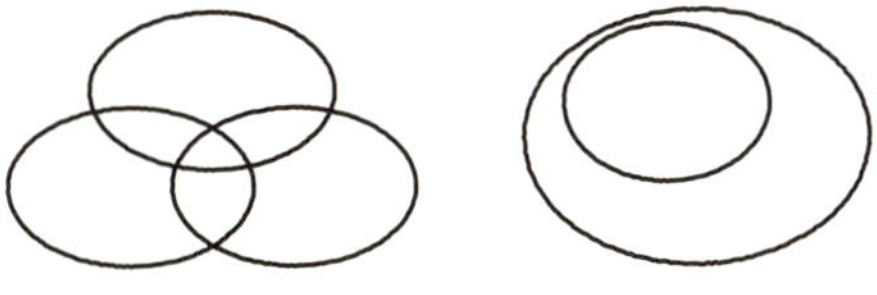

図の技法⑤
点グラフ

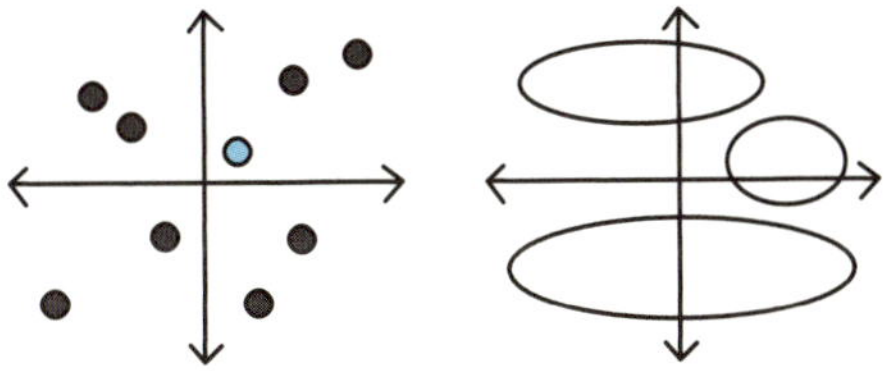

図の技法①

モレなくダブりなく状況を整理できる「ツリー図」

図の技法の1つめは、**ツリー図**です。文字通り、「木（ツリー）」の枝のように、ひとつの幹からいくつもの要素が分岐している形を意味します。

ツリー図はあらゆる角度から分析、検証するのに適した図で、「業務の無駄をなくし、残業を減らしたい」「年々増えている経費を削減したい」など、**問題改善の糸口を探したいときに有効**です。

ツリー図は、ひとつの起点（幹）から枝分かれしていく図表なので、**ひとつの事柄を体系的に示すのに適している**といえます。

ツリー図を描く場合、通常同じ幹の位置から複数の枝を伸ばし、それらの枝の同じ位置からさらに複数の小枝を伸ばしていきます。

枝分かれの位置を合わせることで同じレベルの要素が横一列（あるいは縦一列）に

ツリー図を使うと全体を体系的に理解できる

ツリー図とは……

「木（ツリー）」の枝のように、１つの事項から複数の事項が連なっている図形のこと

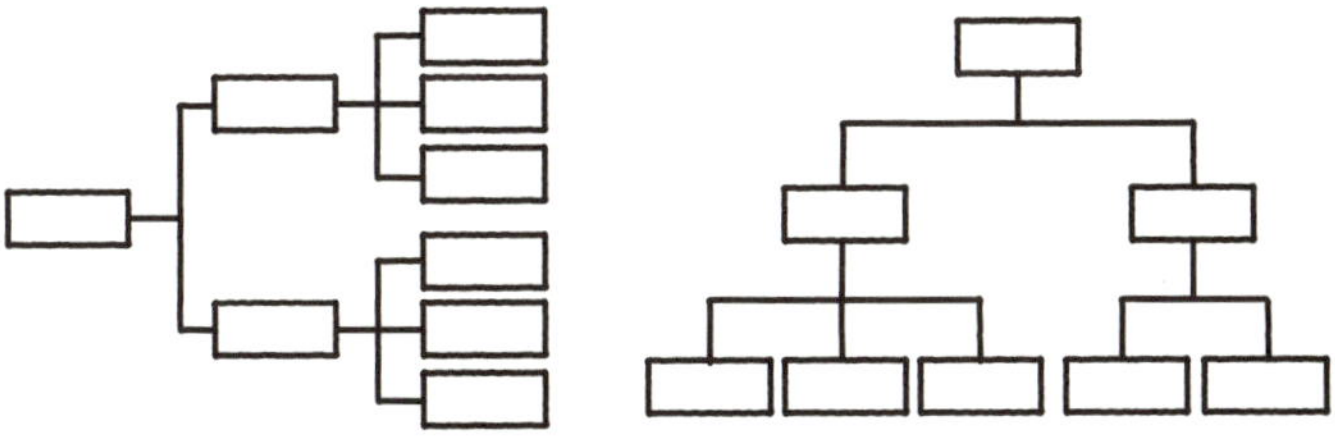

強み	弱み
● 必要な事項を過不足なくチェックできる ● 各事項の水準（レベル）を把握しやすい	● 相互に重なり合う内容の事項を構造化できない

並ぶので、視覚的にレベルの違いがわかりやすくなります。

問題改善の際にツリー図を使うと、**考えるべき事項をモレなく見つけやすい**というメリットもあります。数学の確率計算でツリー図がよく使われるのは、あらゆるケースを確実に探し出せるからです。

ほかにも、**重複をなくせる**というメリットもあります。

行うべき仕事を洗い出す際に、二重に挙げてしまっては都合がよくありません。

この2つの効用は、「モレなくダブりなく」という意味で、一般に**MECE**（ミッシー：Mutually Exclusive Collectively Exhaustive）と呼ばれます。

ツリー図は、情報をモレなくダブりなく整理するのに最も適した図といえます。

また、**「原因─結果」「目的─手段」「結論─根拠」の関係を示すのにも適しています**。

図の技法②

情報や業務の「流れ」を可視化できる「フロー図」

２つめは、**フロー図**です。

「フロー（flow）」は「液体状のものが流れる」ことを意味する言葉であり、転じて、業務の流れや情報の流れなどを視覚的に表現する図解手法を「フロー図」と呼んでいます。フロー図は、**問題の背景にある原因を突き止め、抜本的に解決を図りたい場合に有効**です。

仕事において「流れを構成する要素」には、さまざまなものがあります。

業務の流れであれば、業務を構成する一つひとつの「作業」が要素になりますし、情報の流れであれば、情報を発信したり受け取ったりする「人」や「組織」、あるいは「装置」などが要素になります。

また、流れは単に順序関係を示すだけにとどまりません。

ツリー図と同様、「原因↓結果」「背景↓現状」「行動↓結果」「作用↓影響」「根拠↓結論」など、因果関係を示すこともできます。

抜本的に問題を解決したい場合にフロー図を用いると、**手順や行うべきことの要素がひと目で理解でき、要素と要素の間の関係がわかりやすい**というメリットがあります。

複雑な手順や工程、あるいは因果関係であっても、それらを視覚的に表現することで理解しやすくなるのです。

また、頭の中でイメージしているだけであったり、言葉で伝えたりするだけだと、人によっては異なる理解をしてしまう恐れもありますが、図に示すことで一目瞭然となり、情報や認識のズレがなく、共有しやすくなるというメリットもあります。

フロー図を使うと「流れ」を視覚的に理解できる

フロー図とは……

**要素を矢印でつなぎ、
業務や情報のフロー（流れ）を示した図形のこと**

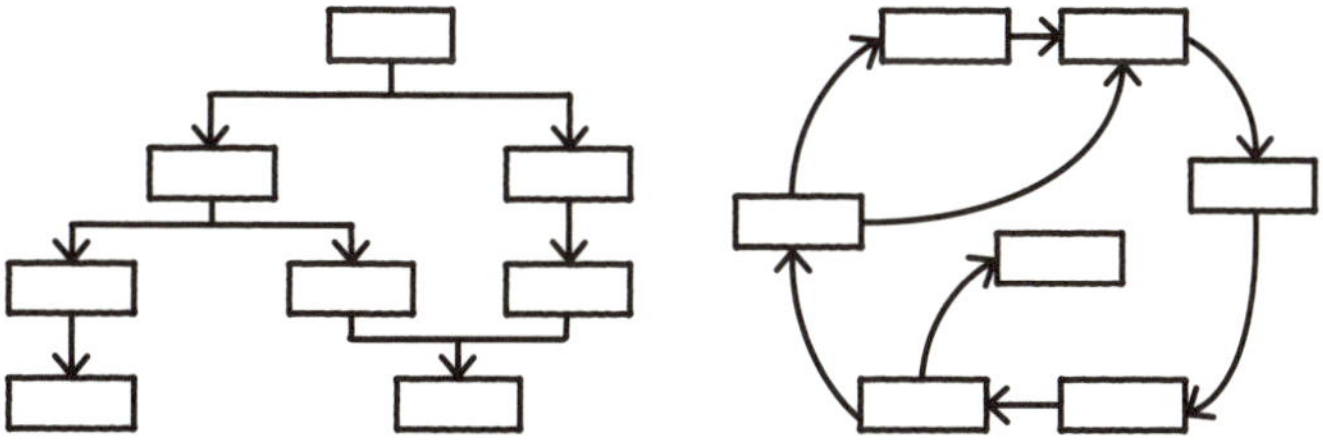

強み	弱み
● 因果関係やプロセスなどを表現しやすい	● 図解の自由度が高いため、作図に慣れが必要

図の技法③

2つの軸で分類・整理できる「マトリクス図」

3つめは、**マトリクス図**です。表形式で情報を整理する図のことで、通常、縦と横の2軸で示します。**要素の抜けやモレをチェックしたり、物事を単純化して明快に示したりする場合に有効**な図です。

縦横に並んだマスに2つの異なる視点で情報を整理していくことで、**見落としていた要素を発見したり、要素間の新たな関係を見つけたりしやすい**というメリットがあります。

たとえば「難しい仕事」という言葉をよく使いますが、これをマトリクス図で整理する場合、1つめの視点は「求められるスキルの難易度」、もうひとつは「経験の有無」という視点が考えられます。このように2つの視点で整理することで新たな事実に気づくことができるようになるのです。

マトリクス図を使うと的確に状況の把握や分析ができる

マトリクス図とは……

縦と横の２軸の表形式で情報を整理している図形のこと

	1	2	3
A			
B			
C			

<table>
<tr><td colspan="2" rowspan="2"></td><td colspan="2">A</td></tr>
<tr><td>A1</td><td>A2</td></tr>
<tr><td rowspan="2">B</td><td>B1</td><td></td><td></td></tr>
<tr><td>B2</td><td></td><td></td></tr>
</table>

強み

- 状況の把握や分析が明確になる

弱み

- 分類項目や整理の軸を２つに絞る必要がある（ただし、軸の細分化は可能）

図の技法④

対立する主張の合意点を見つけられる「ベン図」

4つめは、**ベン図**です。

生みの親である論理学者ベン氏の名を取った図解方法です。

ビジネスシーンでベン図を用いる際は、2つ以上の複数の円で構成されます。

1つの円を描くことで平面を2つの領域に分け、ある要素とそれ以外の要素を視覚的に表現することができます。

たとえば、円の内側が「男」であるとすれば、外側は「女」というように、「対の関係」を示すことになります。

円を2つ、3つと増やせば、さらに複雑な要素を表現できます。

ベン図を使うと
対立関係を整理できる

ベン図とは……

本来は数学の集合論に用いられるもので、
「包含関係」や「重なり関係」を示す図形のこと

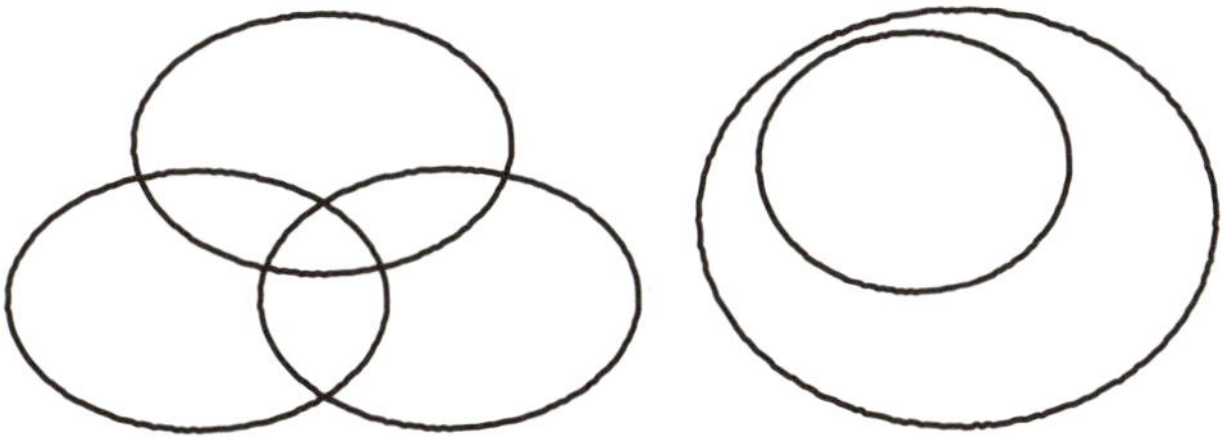

強み	弱み
● 内容が重なり合う事項の相互の関係性を把握しやすい	● 分類項目や整理の軸は２〜３程度に限定される

たとえば「男」を示す円があり、隣に「子ども」であるという円があるとすれば、その2つの円が重なる領域は「男の子」ということになります。

また、「男」「子ども」「ハンサム」という円が3つあるとすれば、すべて重なる領域は「ハンサムな男の子」を示すことになります。

このように、**ベン図は、内容が重なり合う要素の関係性を把握しやすい**という点が特徴です。

3つまでであれば複数の要素のすべての組み合わせを円で表せるので、取りこぼしなく要素の検討を行えます。

ビジネスシーンで問題が起きたときというのは、要因は1つということは稀で、多くは2~3程度の要因が重なり合って生じているというケースでしょう。

そういった場合に、ベン図を用いると重なり合う要因を解きほぐしていくことができます。

また、対立する組織や人などの合意点を探ったりするときにも有効な図です。

たとえば、取引先との商談で交渉が決裂しそうになったときや、社内の部署間で主張が対立したときに、ベン図を活用すれば、それぞれの主張をまとめ、その合意点を探ることができます。

図の技法⑤

数値化することで客観的な判断ができる「点グラフ」

最後にご紹介する5つめの技法は、**点グラフ**です。

横軸（x軸）と縦軸（y軸）という直角に交わる2つの軸を取るとともに、要素を点で表現します。

感覚的な情報を数値化することで客観性を高め、意思決定の判断を行うのに適した図解手法です。

要素を平面上に配置することで、要素間の関係は「上下左右の位置関係」で視覚的に表されるので、ひと目で要素同士の順序、優劣、優先順位などがわかりやすくなるというメリットがあります。

そのため、ビジネスシーンでは**順序や優先順位を検討したり、最適な解を探したり、要素間の関係性を客観的に把握したりする**ときに威力を発揮します。

点グラフを使うと意志決定の確度が上がる

点グラフとは……

x軸とy軸を引き、
２つの直交する軸で平面を４つに分けた上で、
点などで要素を平面上に表す図形のこと

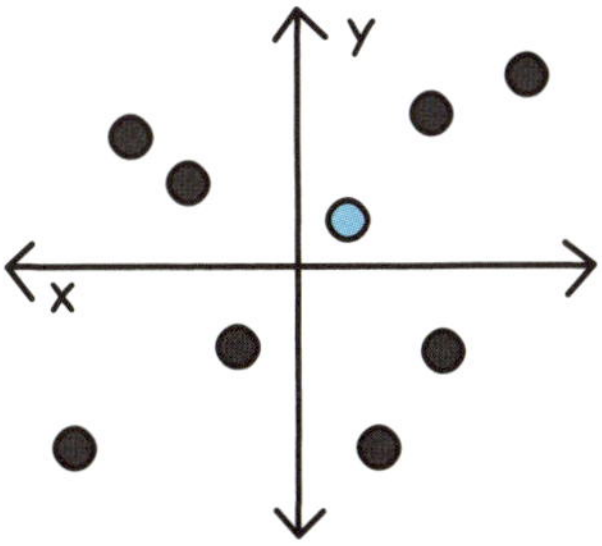

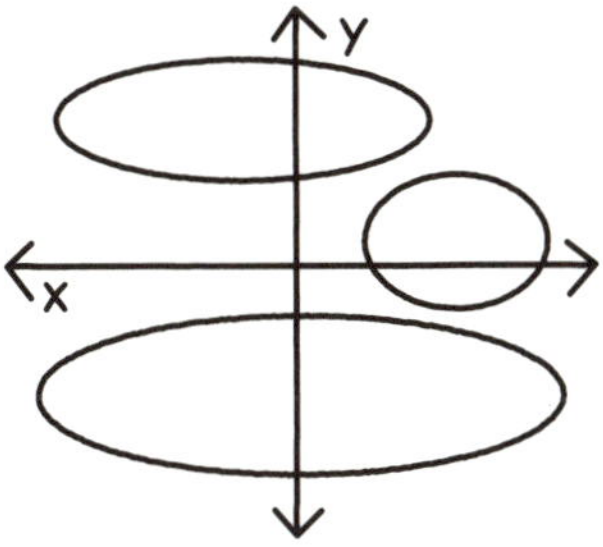

強み	弱み
●客観性の高い把握や分析が可能となる	●定量化（数量化）できる項目に限られる

3つのステップで図に落とし込む

ここまでで、図で考えることの効用と、5つの図の技法をご紹介しました。

図で考えるといっても、仕事でなんらかの問題や課題にぶつかったとき、いきなり図を描くわけではありません。

図解思考術は、次の3つのステップから成り立っています。

(STEP1)「具体例」を探す

(STEP2)「比較」する

(STEP3) 図を描いて、答えを導き出す

この3つのステップを踏みながら問題や課題を図に落とし込むことで、最短ルートで最善の答えを導き出すことができます。

ＳＴＥＰ1の「具体例を探す」では、抱えている問題や課題の原因と思われるものや解決の参考となりそうな事例、組織や人の対立を解決したい場合は双方の主張などを書き出していきます。

そして、導き出したい答えと、5つの図の技法の効果を照らし合わせ、最も適した図の技法を選びます。

具体例を複数書き出した後は、ＳＴＥＰ2でその具体例を「比較」していきます。ＳＴＥＰ1で列挙した「具体例」を見比べながら、それぞれの「共通点」や「違い」を考え、グループ分けしたり、キーワードを作成したりします。

そしてＳＴＥＰ3で、ＳＴＥＰ2までの内容を「ツリー図」「フロー図」「マトリクス図」「ベン図」「点グラフ」の5つの図のうちのどれかに落とし込み、答えを導き出していきます。

実際に、どのように3つのステップでそれぞれの図に落とし込んでいけばよいのか、次項からひとつずつ順番に見ていきましょう。

ツリー図の3ステップ

要素を書き出してグループ分けする

まず、ツリー図について解説します。

たとえば、あなたが「ある組立加工機器の適切な購入先を候補企業7社の中から選びたい」という課題を抱えているとします。

STEP1の「具体例を出す」では、購入先を選ぶ際に重視する要素を思い浮かぶ限りすべて列挙するようにします。

細かいことで重複していてもかまいません。論理的な整合性を意識してしまうと、重要な要素が抜け落ちてしまう可能性がありますので、順序を気にせず、**とにかく洗いざらい要素を出すという意識を持つ**ことが大切です。

ここでは、「機器の値段が安い」「故障したらすぐに修理に来てくれる」「機能が充実」という3点を思いついたとします。

さらに、購入を予定している機器は少なくとも10年は使い続けたいと考えているので、交換部品を取り揃えて機能を維持するには、財務体質のよい「安定した会社」であることも付け加えました。


ツリー図の場合、STEP2の「比較」では、**STEP1で挙げた要素を見比べて、いくつかのグループに分けるという作業を行います。**

「故障したらすぐに修理に来てくれる」と「安定した会社」は、その会社の「体制」に関することです。その他は、「機器」や「費用」に関することです。

これらはいわゆる経営の3資源といわれる「人」、「モノ」、「お金」に対応する形で、「体制→人」「機器→モノ」「費用→お金」と整理することが可能です。

このように、「人―モノ―お金」のような既存の分類体系を活用することが有効な場合は数多くあります。

グルーピングを行う際には、既存の分類体系を活用できないかという視点で考えてみるとよいでしょう（ただし、新しいアイデアを生み出す際には足かせになるので注意が必要です）。

ＳＴＥＰ３で、ＳＴＥＰ１と２で書き出した内容を次ページのようにツリー図に落とし込みます。

図に示すと、要素の抜けなどが新たに見えてきますので、**図を眺めながら、要素を補っていきます**。

ここでは「実績が豊富にある」「性能が高い」「故障が少ない」「省エネタイプでランニングコストが低い」「交換部品が安い」の５点を追加しました。

この例では、ツリー図に落とし込むことで、購入先を選ぶ際は「人（体制）」「モノ（機器）」「お金（費用）」という３つの視点が必要だということがわかりました。

そして、その３つの視点に基づいた９項目で評価指標をつくり、７社の中で最も評価の高い会社の製品を購入することに決めればよい、という答えを導き出すことができました。

ツリー図に落とし込む３ステップ

問題　**ある組立加工機器の適切な購入先を候補企業7社の中から選びたい**

STEP 1　具体例を探す

（選択の基準）
- 機器の値段が安い
- 故障したらすぐに修理に来てくれる
- 機能が充実
- 安定した会社

STEP 2　比較（グルーピング）

- 故障したらすぐに来てくれる
- 安定した会社
　→ 体制 ― ［人］
- 機能が充実 → 機器 ― ［モノ］
- 機器の値段が安い → 費用 ― ［お金］

STEP 3　図に落とし込む

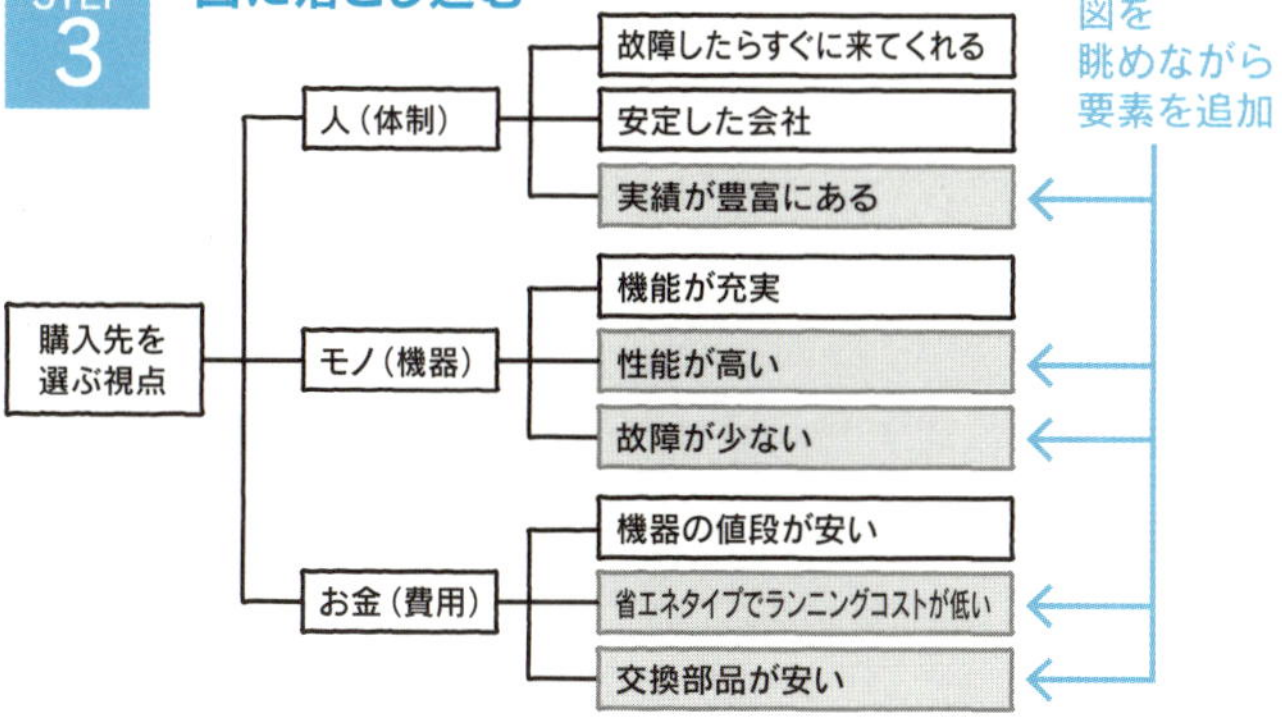

フロー図の3ステップ

要素を書き出して因果関係を矢印で表す

2つめにご紹介するフロー図は、因果関係や順序関係を図で表現するものなので、作成する際に**「流れ」の要素を特定する**ことがポイントになります。

そのため、最初のステップでは、「原因や背景となる要素」あるいは「影響や効果となる要素」「問題を構成している要素（ただし順序関係を示せるもの）」などを列挙するようにします。

たとえば、あなたが「仕事がなかなかはかどらない」という問題を抱えているとしましょう。

STEP1の「具体例を出す」では、問題の「背景にあること」や「原因と思われるもの」を考え付く限り列挙します。

ここでは、「要領が悪い」「仕事が難しい」「仕事が多い」の3つが思い浮かんだとします。

フロー図を作成する場合、STEP2の「比較」では、53ページの中央の図のように**STEP1で挙げた要素を見比べながら、要素間を矢印でつなぎます**。

因果関係の図であれば、矢印の起点となる要素が原因、終点となる要素が結果を表しているか、順序関係であれば、前と後の関係になっているかを精査します。

矢印の向きは合っていたとしても、論理に飛躍を感じる場合は、間に新たな要素を補います。

必ずしもひとつの要素にひとつの要素が結びつくわけではありません。

複数の要素からひとつの要素、あるいはひとつの要素から複数の要素に矢印がつながる可能性もあります。

そして最後のSTEP3で、フロー図に落とし込んでいきます。

原因や背景の出発点となっている要素（矢印の起点）に着目し、さらにその原因や背景となる要素がないかどうかを考えてみます。

たとえば、「仕事がなかなかはかどらない」ことの原因を考えた場合、必ずしも仕事の量が常に多いわけではなく、「業務が集中するとき」もあれば、「余裕のある時期」もあることがわかったとします。すると、この原因には「同時期に仕事が集中」があるといえます。

同様に「要領が悪い」「仕事が難しい」の原因には「経験不足」の仕事が割り振られていることがあるとしましょう。

ここまでで、「経験不足」と「時期の集中」という、「仕事がはかどらない」という問題の本当の原因が2つ見えてきました。

したがって、このケースでは、フロー図に落とし込むことで、「特定の時期にひとりの社員に仕事が集中しすぎないよう、平準化する」とともに、「得意な仕事が多くできるよう、業務分担を見直す必要がある」という答えを導き出すことができました。

フロー図に落とし込む３ステップ

問題 仕事がなかなかはかどらない

STEP 1 具体例を探す

（仕事がはかどらない原因）

- 要領が悪い
- 仕事が難しい
- 仕事が多い

STEP 2 比較（矢印でつなぐ）

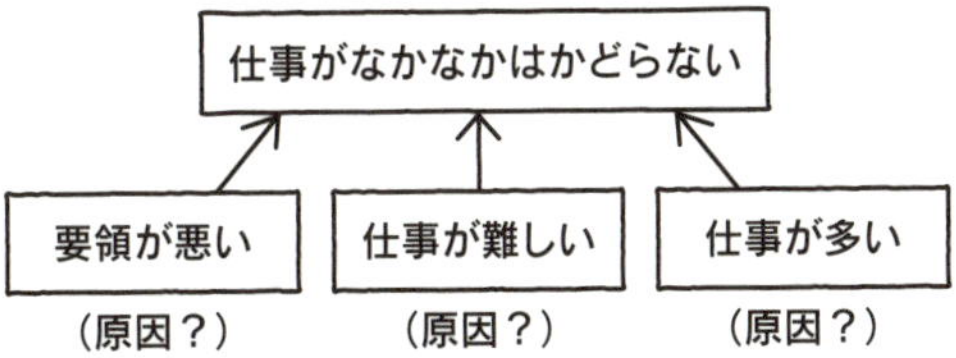

STEP 3 図に落とし込む

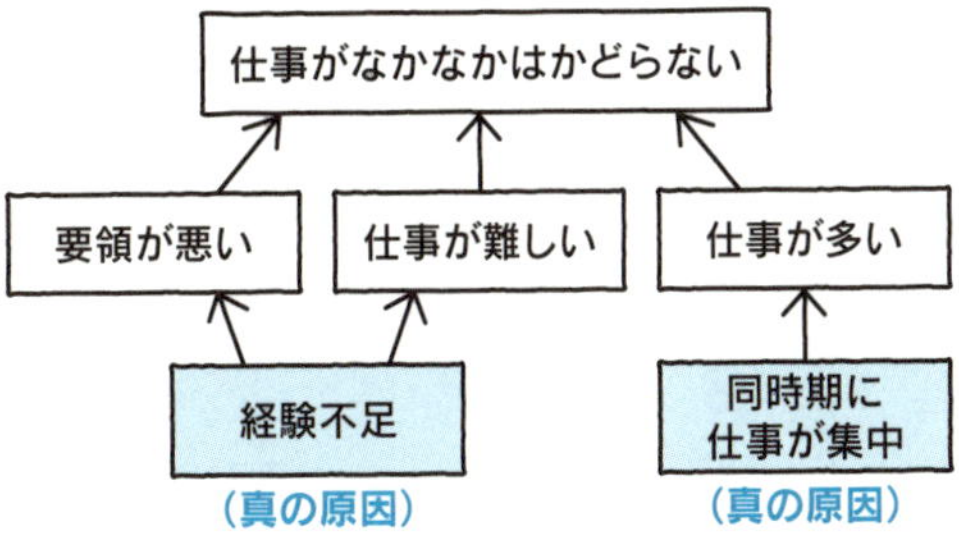

マトリクス図の3ステップ

2つの視点で要素を整理する

マトリクス図を作成するために一番大切なことは、STEP2の「比較」で**「2つの視点を見つける」**ことです。

あなたが考えるべき問題や課題に2つの方向から光を当てるイメージです。

次のケースで考えてみましょう。

お客様相談窓口のマネジャーであるあなたは、お客様からの相談に対応する派遣社員の管理を任されています。あなたは、お客様への対応について、それぞれの派遣社員に合ったアドバイスを行いたいという課題を抱えています。

この問題にマトリクス図を使うと、どのような答えが出せるでしょうか。

ＳＴＥＰ1の「具体例を出す」では、これまでに問題のあった派遣社員の対応例をピックアップしていきます。ここでは「相手の話を聞かず一方的に主張する」「対応できない約束を勝手にしてしまう」「状況の聞き取りが不正確」「つい反論してしまう」「弁解する」「失礼な物言いをされるとカッとなる」「自分の思い込みで回答を行う」「明らかに当社に非があっても謝らない」の８つを書き出しました。

ＳＴＥＰ2の「比較」では、これらを２つの視点からグループ分けしてみます。ここでは、「気持ちの持ち方」と「相談対応の段階」の２つの視点でまとめることにします（57ページ中央の図）。

そして、いよいよＳＴＥＰ3でマトリクス図に落とし込んでいきます。**「視点・切り口」をいくつかの要素に分け、それぞれの要素で枠を分割した図を作成します**。それぞれの視点の要素の数は２つ以上であればいくつでもかまいません。

ただし、マトリクス図が複雑になりすぎると、「ひと目で全体像をつかめる」という、図の長所が弱まってしまいますから、**項目数は、最大でも4項目（4×4＝16マ**

ス）以内に収めたほうがよいでしょう。

このとき、ツリー図と同様に、項目間にモレとダブりがないかどうかを確認することも大切です。

2つの視点のどちらを表頭、表側にするかは、あまり気にする必要はありませんが、要素数の多い視点を表頭に持っていくのが一般的です。人間の目は上下の動きよりも左右の動きのほうが行いやすく、縦長より横長の図のほうが読みやすいからです。

項目の並びについては、重要な項目があれば一番右か左、上か下に配置し、角のマス目にポイントとなる情報が置かれるようにするとわかりやすいでしょう。

整理した不適切な対応方法を裏返しにし、適切な対応方法を考えて4つのマス目（＝2×2）を埋めました。

その結果、「聞き取り時に主観的な対応をしてしまう」人に対しては、「状況を正しく聞き取る」「冷静になる」ように伝えるなど、それぞれの派遣社員のウイークポイントがこれら4つのどれに該当しているのかを意識しながら、適切な対応方法のアドバイスを導き出すことができました。

マトリクス図に落とし込む 3ステップ

問題 派遣社員に接客方法をアドバイスしたい

STEP 1 具体例を探す

（現状の接客の問題点）

・相手の話を聞かず一方的に主張する
・対応できない約束を勝手にしてしまう
・状況の聞き取りが不正確
・つい反論してしまう
・弁解する
・失礼な物言いをされるとカッとなる
・自分の思い込みで回答を行う
・明らかに当社に非があっても謝らない

STEP 2 比較（グルーピング）

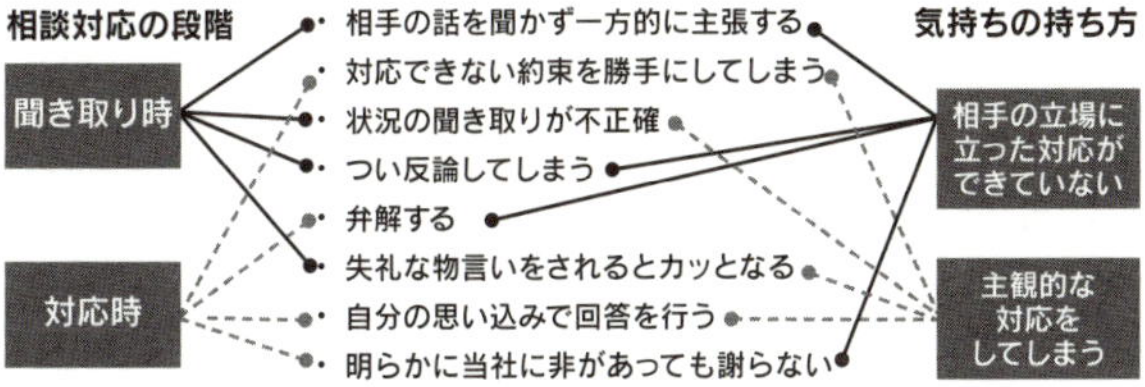

STEP 3 図に落とし込む

		気持ちの持ち方	
		相手の立場に立つ	主観的な対応をしない
相談対応の段階	聞き取り時	・まず相手の話を聞く ・すぐに反論しない	・状況を正しく聞き取る ・冷静になる
	対応時	・弁解しない ・当社に非がある場合は丁寧に詫びる	・できない約束はしない ・客観的な根拠のある回答を行う

ベン図の3ステップ

2つの円の重なる領域から答えを探す

ベン図を作成する際のポイントは、STEP2で**〝重なり合う〟視点ないし切り口を見つける**ことです。

次のケースで考えてみましょう。

あなたの指示の仕方や内容に問題があって、あなたの部下が意図通りに動いてくれないということに悩んでいるとします。

STEP1の「具体例を探す」では、複数の部下からのヒアリングから出てきた指摘を列挙します。

ここでは「説明が論理的ではない」「言うことがころころ変わる」「時折、会社の方針に合わない指示がある」「あれ、それなどの指示語が多い」を思いついたとします。

STEP2の「比較する」で、これらを見比べ、キーワードを考えてみます。

ここでは「指示内容がわかりにくい」「一貫性がない」「信頼性が低い」の3つのキーワードが見えてきたとします。

このとき、キーワード自体の内容も並列か、それともどれかが包含する内容なのかも確認します。たとえば、「一貫性がない」は、「信頼性が低い」ことの一部と考えられます。

STEP3では、**それぞれの視点を円で表し、ベン図に落とし込みます**（61ページ）。

重なり合う領域に入るものを考えるのが、ベン図の思考のポイントですが、必ずしもすべての領域に要素が入るとは限りません。

最も大切なのは**重なる領域**です。

「重なる領域に入る要素」を考えることで、新たな視点を見つけることができます。

この例では、2つの円と、その一方の円の中にもうひとつの円が入る形になっており、「指示内容がわかりにくい」と「信頼性が低い」の2つの円が重なる領域に当てはまる問題として、「作業の目的を明確にせずに指示する」場合がよくあることにも気づきました。

これらの点を解決できれば、部下の反応もよくなるはずです。

したがって、「具体的な指示をする」「作業の目的を説明する」などの「指示内容をわかりやすくする工夫」と、「一度示した方針を理由なく変えない」「会社の方針に沿った指示を行う」などの「信頼性を高める工夫」という答えが導き出せました。

ベン図に落とし込む
３ステップ

問題 部下に自分の指示通りに動いてもらいたい

STEP 1 具体例を探す（現状の指示の問題点）

・説明が論理的ではない
・言うことがころころ変わる
・時折、会社の方針に合わない指示がある
・「あれ」「それ」などの指示語が多い

STEP 2 比較（グルーピング）

指示内容がわかりにくい
一貫性がない
信頼性が低い

・説明が論理的ではない
・言うことがころころ変わる
・時折、会社の方針に合わない指示がある
・「あれ」「それ」などの指示語が多い

STEP 3 図に落とし込む

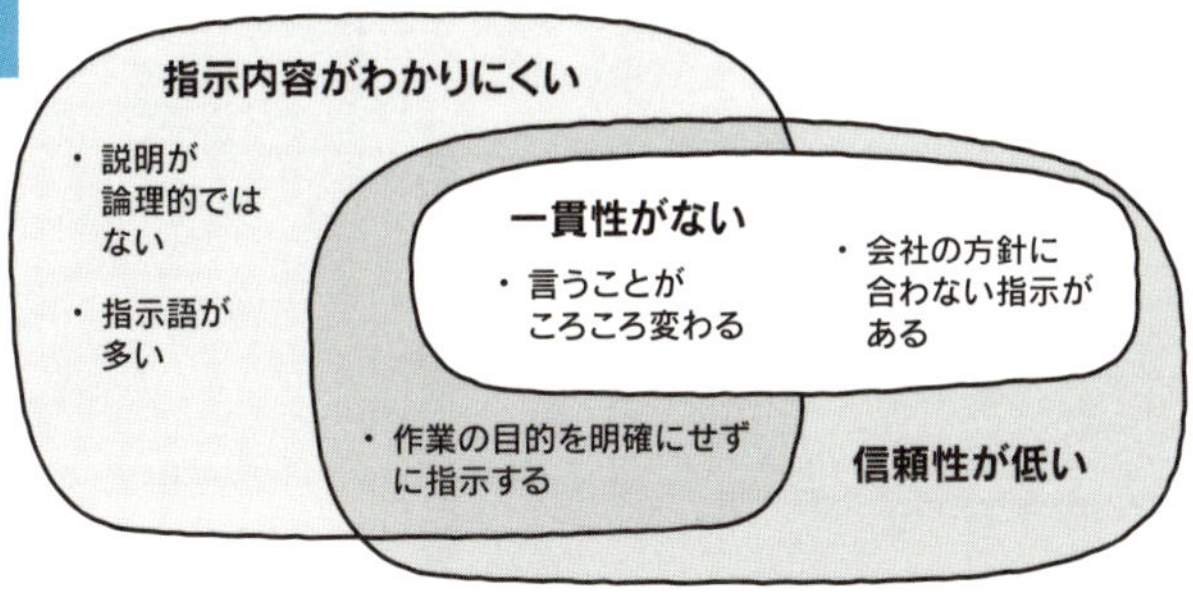

点グラフの3ステップ

数値化できる2つの基準をつくる

点グラフを作成するポイントは、**数値で表現できる指標を探す**ことです。

そのため、STEP1では**「定量的に」比較したい商品、人、情報などの要素を洗い出す**ことが必要になります。

次のケースで考えてみましょう。

あなたは営業担当で、契約をとるべき案件が多すぎるため、どの顧客から優先してアプローチしていけばよいか悩んでいます。ここでは仕事の中での合理的な優先順位の付け方が求められています。

そこでSTEP1の「具体例を出す」では、「仕事を効果的に行うにはどうしたらよいか」という視点で要素を挙げていきます。

あなたにとっての仕事の成果は「営業成績」で示すことができるでしょう。言い換えれば、契約額の高い案件ほど効果が高いとみなすことができます。

しかし、いくら契約額が高い案件でも契約までに多くの労力をかけて何年もかかっていては仕事の効果は高いとはいえません。

そこでもうひとつの要素としては、「契約までに要する業務時間」が考えられます。

次にＳＴＥＰ2の「比較」では、ＳＴＥＰ1で書き出した内容を踏まえて、数量で表せる2つの軸を探します。

この例でいえば、「契約額」と「契約までに要する業務時間」はどちらも数値化が可能なので、これがそのまま点グラフの軸を構成する指標となります。

つまり、今抱えている営業案件が10件であるとして、「契約見込み額」と「契約までに要する見込み時間」が点グラフの2軸となります。

なお、契約に至らない場合もありますので、契約見込み額は、受注確率を掛け合わせた値とします。

ＳＴＥＰ３で、要素を数量化して点グラフに落とし込んでいきます。横軸を時間、縦軸を金額として10件の案件を平面上に載せると次ページのようになったとしましょう。

平均値を原点にして十字に区切るとＡ～Ｄの４つの領域が生まれます。

Ａは、見込み時間が短く、かつ見込み額が大きい案件群ということになります。反対に、Ｄは見込み時間が長く、見込み額が小さい案件群ということになります。

したがって、「Ａの領域にある案件を最優先に行うのがよい」という答えを導き出すことができました。

点グラフに落とし込む 3ステップ

問題 どの顧客から優先してアプローチをしていけばよいか

STEP 1 具体例を探す

仕事の成果とは？ → 営業成績

↓ 具体的に言えば…

契約額 → ただし契約に時間がかかりすぎていては×。「契約までに要する業務時間」も大事

STEP 2 比較（2つの指標をつくる）

仕事の成果を示す2つの指標

1. 契約見込み額（受注確率を乗じた値）
2. 契約までに要する見込み時間

STEP 3 図に落とし込む 点グラフの例

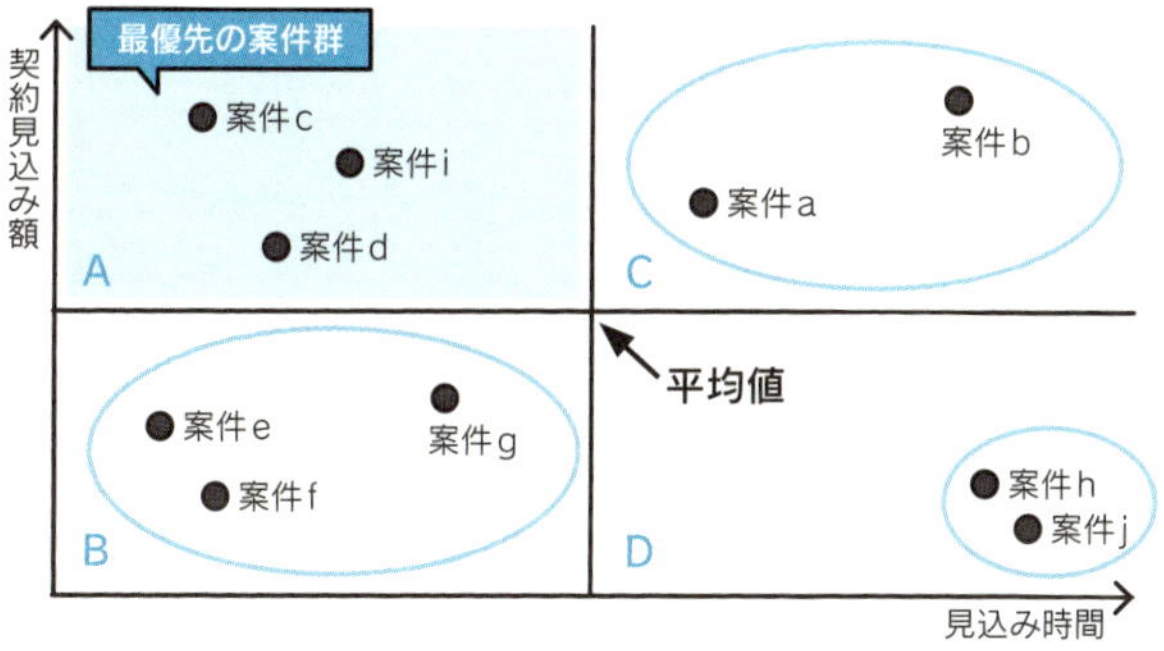

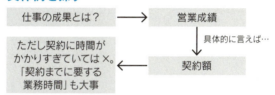

5つの図の技法を使いこなすために

ここまでで、5つの図の技法について、3つのステップで答えを導き出す一連の過程を駆け足で解説してきました。

慣れない間は、頭の中だけで考えているときよりも、もしかしたら答えにたどり着くまでに時間がかかってしまうかもしれません。

しかし、何度もこなしていくうちに、これまでよりも必ず答えにたどり着く時間が劇的に圧縮され、しかも答えの精度が格段にアップしていることを実感できるようになるはずです。

図解思考のメソッドは、訓練すれば誰でも簡単に習得することが可能な内容です。途中で投げ出さずに、ぜひ自分のものにしてください。

「具体例を探す」「比較する」「図にする」という3つのステップは、5つの図においてすべて共通です。しかし、用いる図によって、それぞれのステップで気をつけるべきポイントが異なります。

そこで、次章からは、ビジネスシーンでよくある問題や課題を10ケース取り上げて、それぞれのケースについて、ステップごとにさらに詳しく解説していきます。

取り上げるのは、次の10のケースです。

（ケース1）自社の会議を効率化して早く終わらせるにはどうしたらよいか
（ケース2）競合他社に勝って仕事を受注するにはどうすればよいか
（ケース3）低価格の缶コーヒーを売り出すにはどうしたらよいか
（ケース4）仕事が期限内に終わりそうにない場合、どうすればよいか
（ケース5）顧客への商品の納期遅れをなくすにはどうしたらよいか
（ケース6）新しい商品のアイデアを出すにはどうしたらよいか
（ケース7）社内の部署間の対立を解消するにはどうしたらよいか

（ケース8）業務委託先からの増額要求に対処するにはどうしたらよいか
（ケース9）適切な発注先を見つけるにはどうしたらよいか
（ケース10）自社の製品を売り込むにはどうしたらよいか

では、さっそくSTEP1「具体例を出す」から、ケースごとに見ていきましょう。

STEP 1

「具体例」を探す

～原因や事例を書き出してみる～

あなたの問題は本当に明確になっていますか？

まず、STEP1に入る前に、みなさんに確認していただきたいことがあります。

それは、**あなた自身が「解決したい問題や課題が何か」を正確に把握しているかどうか**ということ。

「解決したい問題や課題なんて、言われなくても、ちゃんとわかっているよ！」

そう反論する人も多いかもしれません。

しかし、これが十分でないために問題解決に至らない場合が少なくないのです。

目指すゴールが「東京」なのに、「大阪」を目指して進んでしまえば、適切な答えに行き着かなくて当然です。「そんなミスをするわけないだろ」と、多くの人は高を括ってしまいがちですが、案外陥りやすい落とし穴といえます。

たとえば、「自社が販売をはじめたベビーカーの新商品Gの認知度が低い」という問題を解決し、売れ行きを伸ばそうとする場合、「認知度を高める」にはどうしたらよいでしょうか。

この問題を考えるときは、まず、「何をもって認知されているといえるのか」を考えることが大切です。

認知度を高める目的が「商品の売れ行きを伸ばす」ことであれば、その商品の購入層、たとえば新生児や乳幼児のいる家庭の認知度である必要があります。

また、「知っている」というレベルが、「商品名を聞いたことがある程度」なのか、「その商品の特徴や長所を理解している」ことを意味するのかによって、認知度の計測方法も計測する指標も変わってきます。

つまり、問題を的確に捉えるためには、「何のためにその問題を解決したいのか」を自分自身がまず正確に認識することが大切なのです。

目的を明確にすることで、問題をより的確に捉えられるようになり、誤った方向に頭を働かせてしまわないようになります。

もうひとつ、多くの人が陥りやすい落とし穴に**「問題の捉え方」**があります。

問題が複雑で捉えどころがない場合、その理由に**「複数の問題をまとめて扱おうとしてしまっている」**ことが考えられます。

たとえば、顧客情報の流出問題が生じたり、製品の不具合が見つかりリコールを行ったりする場合など、会社の経営全体に甚大な影響を与える可能性のある事案が発生したときは、なおさらその問題の深刻さから、落ち着いて対処することが難しくなりがちです。

そして、現象面に思考が引きずられて誤った判断と対応を行ってしまう恐れもあります。

顧客との意思疎通がうまくいかなかったり、部下が軽いミスをしたりといった、もっと軽微な問題であったとしても、それらの問題を的確に捉えていない場合がじつはとても多いのです。

その原因のひとつが、「問題」という言葉に隠されています。

問題は英語では「problem」といいます。数えられる名詞なので、問題が複数あればproblemsとなります。

ところが、日本語の「問題」には複数形が存在しません。

そのため、**仮に複数の問題を考えようとしているときでも「〜の問題」と、まるでひとつの事項のように勘違いしやすい**のです。

逆に言えば、問題を適切な大きさの複数の問題に分割し、それぞれの問題の解を探し、最後にそれらの解を組み合わせて対処することにより、すっきりと問題を解決できる場合があります。

問題や課題にぶつかると、焦ってすぐに解決すべく対策を考えようとしがちですが、そこは深呼吸をして、一度立ち止まってみましょう。

そして、自分が本当に解決すべき問題を本当に正確に理解しているかどうか、確認をすることが大切です。

問題を改善したいとき①

「問題点」を書き出す

最初に取り上げるのは「自社の会議を効率化して早く終わらせるにはどうしたらよいか」（ケース1）です。Y社には、毎月第一月曜日に定例の営業会議があります。いつも終了時間が大幅に遅くなりますが、かといって実のある内容を議論しているわけではないので、「終了時間が予定より遅くなる」という問題を解決したいと考えています。このケースは「問題改善」が目的なので、ツリー図が適切でしょう。

したがって、STEP1では、**「問題の原因と思われる要素」**、ここでは「会議の無駄にかかわる要素」を考えることがポイントです。頭に浮かぶ問題点をできるだけ多く紙に書き出します。その結果、ここでは「会議に遅れる人が多い」「資料の用意が遅い」「報告資料が多い」「発表者が多い」「たびたび議論が堂々巡りになる」という5点を書き出しました。

課題となりそうな「具体例」を思いつくかぎり列挙する

解決したい問題

社内の会議を予定時間内に
終わらせるにはどうしたらよいか

具体例

（会議が非効率になっている原因と思われる事例を書き出す）

- 会議に遅れる人が多い
- 資料の用意が遅い
- 報告資料が多い
- 発表者が多い
- たびたび議論が堂々巡りになる

問題を改善したいとき②

「お手本になりそうな事例」を書き出す

どんなビジネスを行うにしても、競合他社は避けて通れない存在です。

そこで、次に取り上げるケースは「競合他社に勝って仕事を受注するにはどうすればよいか」（ケース2）です。

ケース2の内容は次のとおりです。

ある工作機器メーカーは、同社の一大事業として、毎年国際的なイベントを実施しています。

過去10年近く、毎年このイベント業務を受注しているイベント会社が同メーカーに今年度のイベントの企画書と見積書を提示したところ、今回は別のイベント会社への発注を検討していると言われました。

メーカーの担当者に確認したところ、別のイベント会社は、同社の見積額より3割も安い額を提示しています。

この安い見積額を提示している競合他社に勝つためには、自社の企画書と見積書をどのように改善して、再提案すればよいでしょうか。

問題改善の際にポイントになるのは、**「その問題を改善するためには、何を掘り下げればよいのか」を正しく理解すること**です。

顧客が他社に切り替えようとしている理由は「費用の安さ」であることは明らかなので、この点に図解は必要ないでしょう。

その次に問題となるのは、「なぜ他社は自社よりも安い見積額を顧客に提示できるのか」です。

したがって、具体例探しのポイントは「受注額の安さの秘密」になります。

そこで自社が把握している、通常よりも安い費用で実施できたイベント業務の例を書き出してみます。

すると、次の3点が頭に浮かびました。

・公益性の高い団体が管理・運営している施設を会場に使用した
・類似のイベントを企画・運営したことがあり、過去の運営計画や進行台本などをほとんどそのまま使用できた
・ホームページやメルマガなどの電子媒体を活用して参加者を募ったので、ＰＲのための印刷費がかからなかった

このケースのように、**原因をしらみつぶしに探ることが必要な場合は、ツリー図が有効**なので、ツリー図に落とし込むことを前提に考えていきます。

改善のヒントになりそうな「具体例」を探す

解決したい問題

自社より安い受注額を提案している
競合他社に勝つにはどうしたらよいか

具体例

（安く実施できた自社の過去のイベントを書き出す）

・公益性の高い団体が管理・運営している施設を会場に使用した
→会場費が安かった

・類似のイベントを企画・運営したことがあり、過去の運営計画や進行台本などをほとんどそのまま使用できた
→人件費が安かった

・ホームページやメルマガなどの電子媒体を活用して参加者を募ったので、PRのための印刷費がかからなかった
→広報費が安かった

問題を解決したいとき①

「現状を表す事例」を書き出す

仕事をしていると、さまざまな問題が起こります。

そのため、問題解決力は、ビジネスパーソンに求められる非常に重要な能力です。

そこで、次に取り上げるのは、「低価格の缶コーヒーを売り出すにはどうしたらよいか」（ケース3）です。

どんな困難な問題も、図で考えることで鮮やかに答えを導き出すことができます。

ケース3の内容は、次のとおりです。

スーパーJ社では、同社のプライベート・ブランド（PB商品）となる缶コーヒーを販売するため、製造を請け負う飲料メーカーを探しています。

その背景には、同業他社が、低価格の缶コーヒー（PB商品）で攻勢をかけてきたことが挙げられます。

同社では、販売価格を通常の缶コーヒーの半値以下に設定するため、破格の製造費で受けてくれる飲料メーカーを見つけることが求められています。

はたして、どのような対策が考えられるでしょうか。

このケースのゴールは、「破格の製造費で受けてくれる飲料メーカーを見つけること」、つまり、「問題の解決」です。

問題解決の際に重要になるのは、まずは「現状把握」です。

したがって、STEP1のポイントは次の2点です。

1. 「低価格の缶コーヒーが出始めている」という現状を的確に把握する
2. 今回の交渉相手である飲料メーカーが、今どのような環境に置かれているかを考える

そこで、「近年の缶コーヒーに関する状況」を思いつく限り書き出していきます。

・缶コーヒーの種類は近年、急速に多様化した
・缶コーヒー市場に参入する企業が増えた
・ペットボトル型コーヒーが目につくようになった
・従来型の形状の缶コーヒーは新味性に欠けるようになってきた

このケースのように、**因果関係を解きほぐして現状分析を行う場合は、フロー図を用いて答えを導き出すのが有効**です。

したがって、ケース3は、フロー図に落とし込んでいきましょう。

問題解決は
的確な現状把握から

解決したい問題

破格の製造費で受注してくれる
飲料メーカーを見つけるにはどうしたらよいか

具体例

（近年の缶コーヒーに関する状況を書き出す）

- 他社が低価格の缶コーヒー（PB商品）を売り出した
- 缶コーヒーの種類は近年、急速に多様化した
- 缶コーヒー市場に参入する企業が増えた
- ペットボトル型コーヒーが目につくようになった
- 従来型の形状の缶コーヒーは新味性に欠けるようになってきた

問題を解決したいとき②

「問題を引き起こしている原因」を書き出す

どんな仕事にも、必ず期限があります。

あらかじめ立てられたスケジュールに沿って仕事を進めるのが理想ではありますが、仕事には予期せぬトラブルや不測の事態はつきものです。

そこで、4番目のケースは、「仕事が期限内に終わりそうにない場合、どうすればよいか」という問題（ケース4）です。

このケースも、ゴールは問題の解決となります。

ケース4の内容は次のとおりです。

ある会社が外食産業の企業から業界動向の調査の依頼を受けました。

全国の中規模なレストランを調査対象にした郵送でのアンケートを行い、回答が不明な箇所や未記入の箇所については電話で回答者に確認し、情報を補った上で集計・

分析を行う方法です。

ところが、顧客に調査結果を報告する期日があと3週間後に迫っているのに、集計作業に一向に入れそうにありません。

電話での確認作業に思いのほか時間を要しているためです。

このままのペースで行くと、1週間近く提出が遅れる見込みです。

聞き取り要員を現状の3人から6人に倍増させれば予定の期日に間に合う計算になりますが、要員増が人件費率を高め、赤字になってしまいます。

いったい、どうすればよいのでしょうか。

このケースは「要員増による赤字化」が問題でしょうか。

たしかに期日に間に合わせることは重要ですから、要員を増やすことが必要な気もします。しかし、期日に間に合わせるための方法は、必ずしも「要員増」だけとは限りません。

初めから対処方法を決めてかかってしまっては、よりよい問題解決の道を探ることを自ら放棄してしまうようなものです。

このケースの本当の問題は「報告期日の遅延の恐れ」です。

そこで、STEP1では、何が遅延を引き起こしているのか、その原因と思われるものを列挙してみます。

すると、次の3点が浮かび上がりました。

・作業期間の読みが甘かった
・回答に誤記入や未記入が多かった
・調査員のレベルに問題があった

このケースのように、**業務の中のどこに真の問題が隠されているかを突き止める場合、流れを視覚化できるフロー図が有効**です。

したがって、このケースはフロー図に落とし込んで答えを導き出していきます。

原因と「思われる」事例を書き出してみる

解決したい問題

クライアントへ報告する期日の遅延を
なくすにはどうしたらよいか

具体例

(遅延をもたらす原因として考えられることを書き出す)

- 電話での確認作業に思いのほか時間を要している
- 作業期間の読みが甘かった(?)
- 回答に誤記入や未記入が多かった(?)
- 調査員のレベルに問題があった(?)

対策を考えたいとき

「問題となっている事例」を書き出す

仕事においてミスをゼロにすることは理想ではありますが、なかなか難しいもの。かといって、ミスをそのまま放っておくこともできません。

そのため、ミスを極力減らすためには、ミスが起こっている原因を正しく把握し、そのミスが起こらないしくみづくりが求められます。

そこで次のお題は「顧客への商品の納期遅れをなくすにはどうしたらよいか」（ケース5）です。

ケース5の内容は、次のとおりです。

あなたは計測機器の販売会社に勤めており、汎用機器やオーダーメイドの機器を顧客に納品するのが業務です。

時折、約束の納品期日や時間に遅れが発生しているので、この納期遅延をなくすにはどのような対策を打てばよいかを考えなければいけません。

このケースのゴールは「問題の対策を打つ」です。

したがって、STEP1では「過去に納期を守れなかった事例」を思いつく限り、紙に書き出してみます。

ここでは、次の4つが思いつきました。

・納期を忘れる
・配達中に道に迷う
・ひとつ前の納品先でトラブルが発生し、引き止められる
・納品する製品が本部から届かない

問題というのは、いくつかの原因が重なって起きていることもあれば、原因がひとつだけの場合もあります。

また、「たびたび起きてしまうもの」も「めったに起きないもの」も両方ありますが、この時点では、とにかく思いつくものをできる限り多く、自由に列挙するのが望ましいでしょう。

このケースは、**問題を原因ごとにいくつかのパターンに分けて整理し、対策を考える**必要がありそうです。

パターンごとに整理する場合は、マトリクス図を描くのが効果的です。

したがって、このケースでは、マトリクス図に落とし込んで答えを導き出していきましょう。

過去に起きたミスを すべて洗い出す

解決したい問題

時折発生してしまう納期遅れを
なくすにはどうしたらよいか

具体例

（過去に納期を守れなかった事例を書き出す）

・納期を忘れる
・配達中に道に迷う
・ひとつ前の納品先でトラブルが発生し、引き止められる
・納品する製品が本部から届かない

アイデアを出したいとき

「参考になりそうな事例」を書き出す

「次の会議までに、来月のイベントの新企画を考えてきてくれ」

「新商品のアイデアを出してくれ」

上司からこのような指示を出され、頭を抱えてしまったという経験がある人は多いのではないでしょうか。

アイデア出しというのは、大変なものですが、こんなときも図で考えることで突破口が見つかります。

そこで次のお題は「新しい商品のアイデアを出すにはどうしたらよいか」（ケース6）です。

ケース6の内容は次のとおりです。

ある旅行会社では、新しい旅行商品の企画を考えています。

その際に注目しているのが、近年、見られるようになった旅行に関する新しい動きです。

第一が「メディカルツーリズム」。

主に外国人旅行者を対象に、日本の高い医療技術を活用し、医療サービスと旅行サービスをセットで提供するものです。

第二が「民泊」です。

米国の企業がインターネットを活用し、宿泊施設・民宿を貸し出す人と宿泊したい人をつなぐサービスを提供することで、浸透してきました。

このような動きがある中で、どういった新しい旅行商品が考えられるでしょうか。


新しい企画を考えるときは、まずSTEP1で参考になりそうな事例を書き出してみます。

ここでは、そのまま「メディカルツーリズム」と「民泊」となります。

次に落とし込んでいく図ですが、このケースのように新しいアイデアを考える場合は、5つの図の技法のうち、どれが最も適しているでしょうか。

前にマトリクス図は、「状況の把握や分析が明確になる図解手法」とお伝えしましたが、じつは**「異なるものを結びつけて新しいものを生み出す」**のにも適している図です。

マトリクス図は、表頭と表側の2つの軸で構成されており、それらが交差したところにマス目ができます。

このマス目に当てはまる内容を考えることで、新しいアイデアを生み出すことができるのです。

したがって、このケースはマトリクス図に落とし込んで、答えを導き出してみましょう。

アイデアは異なる要素の組み合わせから生まれる

解決したい問題

新しい旅行商品のアイデアを出すには
どうしたらよいか

具体例

（旅行に関する「新しい動き」を書き出す）

- メディカルツーリズム
  医療サービスと旅行サービスを
  セットで提供

- 民泊
  宿泊施設・民宿を貸し出す人と
  宿泊したい人をインターネットでつなぐ

対立の合意点を探りたいとき

「対立する2つの主張」を書き出す

会社には、さまざまな部署が存在します。

ひとつの部署で完結している仕事というのはほとんどありませんし、社内で動いているプロジェクトも、複数の部署がかかわっている場合が多いでしょう。

そのため、プロジェクトを成功させるには、部署間の連携がとても重要となります。しかし、かかわる人が多くなればなるほど、往々にして意見の対立が生じがちです。

そこで、次に取り上げるケースは「社内の部署間の対立を解消するにはどうしたらよいか」（ケース7）です。

ケース7の内容は次のとおりです。

ある会社で販売を予定している新製品のゲーム機の開発担当者は、開発期間の延長を申し入れてきました。

販売担当者であるあなたは、予定通りクリスマスまでに販売したいと考えています。製品の質を重視している開発担当者の主張は発売時期をずらしても、より完璧な製品を発売することにあります。

発売時期を重視している販売担当のあなたは、完成度は多少低くても売れ行きが高いと見込まれるタイミングで発売したいと考えています。

この場合、どのような対策を打てば、この対立を解消できるでしょうか。


STEP1では、まずは双方の主張を書き出します。

ここでは次の2つとなります。

・開発担当者は発売時期を遅らせたい
・販売担当者は予定通りの期日で販売したい

このように、**意見の対立が生じた場合、まずは自分と相手の間にある意向のギャッ**

プの内容を正確に把握することが大切です。

これができていないと、交渉の方向を大きく見誤ってしまうからです。

このケースのように、**合意できる要素を探ったり、対立する視点を融合したりするときに威力を発揮するのがベン図**です。

異なる2つの視点の重なり合う要素を探し、その要素を「合意点」として、解決策を検討していきます。

「なぜ、対立しているのか？」を明確にする

解決したい問題

新商品発売に関して、開発担当者と
販売担当者の間の発売時期の対立を
解消するにはどうしたらよいか

具体例

(開発担当者と販売担当者の主張を書き出す)

	開発担当者	販売担当者
主張	発売時期を遅らせたい	予定通りの期日で販売したい

交渉の落としどころを見つけたいとき

「交渉相手と自分の主張」を書き出す

よい仕事をしたいなら、社内のメンバーだけでなく、社外の人ともよい関係を築くことが重要です。しかし、社外の人は、自分が勤める会社の利益を重視しますので、主張が折り合わないという場面も起こりやすいといえます。

しかも、社外の人との意見の対立は一歩間違えると深刻な事態を招きかねません。そのため、相手の主張をくみ取りながら、慎重に話を進める必要があります。

そこで次に取り上げるのは「業務委託先からの増額要求に対処するにはどうしたらよいか」（ケース8）です。

ケース8の内容は次のとおりです。

あなたの会社に、毎年度自社の業務の一部を委託している外注先から、委託額を増額してほしいとの申し入れがありました。

当初契約していた仕様よりも、実際の業務量が増えたためです。

若干のコスト増であれば外注先の側で吸収しようと考えていたようですが、大幅に増加したことに加え、外注先からさらに外部に発注した再委託にかかる業務の費用が増えたため、増額が必要と判断した、というのが外注先の主張です。

ところが、担当者であるあなたの権限では、契約額を超える支払いはできません。年度初めに組んだ予算いっぱいの額なのです。

たしかに業務が進む過程で仕様が膨らんだのは事実ですが、その時点では外注先からは仕様見直しの話はありませんでした。

出来高払いの契約ではないので、今になって増額を要求されても困るというのがあなたの考えです。

いったい、この問題にはどのように対応したらよいのでしょうか。

このケースも、ケース7と同様、**合意できる要素を探ったり、対立する視点を融合したりすることに威力を発揮するベン図に落とし込むことが有効**です。

ベン図を活用して、交渉の落としどころを探っていきます。

STEP1では、まずは双方の主張を書き出します。

ここでは、次の2つとなります。

・業務委託先は受注額の増額を要求
・自社は増額したくない

交渉が求められるときは まずは「双方の主張」を明確にする

解決したい問題

業務委託先からの増額要求に対処するには
どうしたらよいか

具体例

（業務委託先と自社の主張を書き出す）

	業務委託先	自社
主張	受注額の増額を要求	増額したくない

最善の選択をしたいとき

「条件を満たしそうな事例」を書き出す

「ビジネス」と「意思決定」は切っても切れない関係にあります。

管理職は判断力が問われており、「意思決定」を行うことが仕事の中心ですが、新人や若手であっても、任された業務の中でどれから手をつけるべきか、あるいは、顧客に対してどのような営業アプローチを行うのがよいかなど、日々、何らかの「意思決定」を行っています。

しかも、近年はビジネスを取り巻く環境が複雑化し、情報量が増える中で、これまでの経験に基づき、直感で結論を出すことが年々難しくなってきています。

そこで次に取り上げるのは、「適切な発注先を見つけるにはどうしたらよいか」（ケース9）です。

ケース9の内容は次のとおりです。

不動産会社に勤めるあなたは、医療施設と商業施設を複合化した新たな施設を整備するため、建設会社を選定する必要があります。

ただしオープンまでの期間が短く、早急に竣工させなくてはなりません。

しかも、医療施設と商業施設の複合施設という特殊な建物の設計ノウハウが要求されます。

最適な建設会社を見つけるには、どうしたらよいでしょうか。


意思決定の確度を高める方法のひとつとしては、意思決定の「客観性を高める」ことが挙げられます。

客観性を高めるためには、数値化することが効果的です。したがって、このケースでは、点グラフの活用が適していると考えられます。

点グラフは、ベストプラクティスを見つけたい、客観的に評価したい、客観的な基準を知りたい、最善の解決策を見つけたいという場合などに有効な図です。

点グラフを作成するには、選ぶべき「選択肢」の明確化と、選ぶ根拠となる「判断軸」の設定という2つがポイントになります。

したがって、STEP1では、「病院建築を手がけたことがあり、かつ、商業施設の設計も慣れている建設会社」をリストアップすることで、まずは選択肢づくりを行います。

ここでは、次の4社を候補としてリストアップしました。

・医療施設の設計については全国で最も実績の多いA社
・施工期間の短さでは定評のあるB社
・巨大な郊外型ショッピングセンターの一角に診療所を設けた施設を設計・施工したことがあり施工期間が短めなC社
・病院の中に店舗のある施設の設計・施工を複数経験しているD社

最善の選択を行うなら まずは「候補」を書き出す

解決したい問題

特殊な設計ノウハウを持ち、
短期間で設計から施工までを行える
建設会社を見つけるにはどうしたらよいか

具体例

（条件を満たしそうな建設会社を書き出す）

- 医療施設の設計については
  全国で最も実績の多いＡ社
- 施工期間の短さでは定評のあるＢ社
- 診療所併設のショッピングセンターの設計・施工経験のある施工期間が短めなＣ社
- 病院の中に店舗のある施設の設計・施工を複数経験しているＤ社

最善の案を見つけたいとき

「提案候補」を書き出す

世の中には、モノが溢れすぎるほど溢れています。

そのため、消費者側も、多くの商品を前にしてどれが本当に自分の必要としているものなのかわからないことが多々あります。

今、モノを売るためには、顧客のニーズを的確につかんだ上で、相手にその商品を使うメリットをしっかり提示する必要があるのです。

このような一見難しそうなテーマでも、図を活用すれば、スッキリ答えが導き出せます。

そこで最後は、「自社の製品を売り込むにはどうしたらよいか」（ケース10）というケースを見ていきましょう。

ケース10の内容は、次のとおりです。

コピー機メーカーの子会社に勤める営業担当のあなたは、同社のコピー複合機のリース契約を増やす業務を行っています。

複合機ですから、コピー機やファックス機、プリンタをそれぞれ単体で別々にリースするより、リース代を安くすることが可能です。

扱っている複合機のタイプは4タイプあります。

まだ複合機を導入していない企業に対し、同社の製品を利用してもらえるよう売り込むには、どうすればよいでしょうか。

このケースも、ケース9と同様、客観的な判断を下したいときに使用する点グラフが有効だと考えられます。

したがって、点グラフに落とし込んで答えを導き出すことを前提に考えていきましょう。

STEP1では、選択肢づくりを行う必要がありますので、「自社が扱う複合機A〜Dの4タイプ」を書き出します。

・タイプA
月々のリース料金は全タイプ中最も高いが、1枚当たりの出力コストは最も低い
・タイプB
出力コストは最も高いが、リース料金は2番目に低い
・タイプC
出力コストは2番目に低く、リース料金は2番目に高い
・タイプD
リース料金は最も低いが、出力コストは2番目に高い

点グラフの場合は、これでSTEP1の作業が終わりです。

ここまでで、10のケースすべてのSTEP1の作業が終わりました。
次章からは、STEP2の「比較する」の作業の解説に入ります。

よりよい案を提示するときは「選択肢づくり」から始める

解決したい問題

自社の複合機を
売り込むにはどうしたらよいか

具体例

（自社の複合機のタイプを書き出す）

- 月々のリース料金は全タイプ中最も高いが、
1枚当たりの出力コストは最も低いタイプA
- 出力コストは最も高いが、
リース料金は2番目に低いタイプB
- 出力コストは2番目に低く、
リース料金は2番目に高いタイプC
- リース料金は最も低いが、
出力コストは2番目に高いタイプD

STEP 2

「比較」する

～「違い」と「共通点」から真の問題点が見えてくる～

「違い」や「共通点」から「関係」を明らかにする

ＳＴＥＰ１で、具体例を書き出しました。

次に、ＳＴＥＰ２の「比較」に入ります。

前章で列挙した**「具体例」を比較しながら、まずは、それぞれに「共通」することはないか、あるいは、逆にそれぞれの「違い」はどこにあるかを考えてみます。**

「共通点」や「違い」を探し出すことは、人間が持っている大切な能力のひとつです。大げさかもしれませんが、この能力を持っていることこそ、人間の人間たるゆえんかもしれません。

たとえば、ある餌が、ある気象条件の下で、特定の場所に置かれていたとき、偶然に獲物が出てきて幸運にも捕獲できたとします。

人はそこから「獲物を捕りやすい条件」を推測し、似た条件をつくる罠を仕掛けることができます。

これは、具体的な情報を脳で処理し、一般化する**「抽象思考」**の能力です。

目の前の稲をすべて「米」として食べてしまうのではなく、我慢してその一部を種籾にして植えれば、次の年に何倍にもなって戻ってくると予測するからこそ、稲作が発達しました。

人間以外の動物になかなかできないのが、具体的な事象から一般解を抽出する、この「抽象思考」といえます。

STEP2の「比較」では、まさに、この抽象化作業を行うことになります。

「具体例を比較する」というのは、**「具体例相互の関係性を見る」**と言い換えることもできます。

「関係性を見る」には、バラバラの要素の中に潜んでいる共通項や違いを見つける必要があるからです。

たとえば、あなた、あるいは同僚は最近、「遅刻が続く」「会議の日時を忘れて欠席する」「書類の作成ミスをする」という状況が続いているなら、そこから何が導かれるでしょうか。

それらの「原因」に着目し、「気の緩み」、あるいは「徹夜続きによる精神疲労」などが共通項の候補になるかもしれません。

このように、個別具体的な情報を認識しつつも、そこから少し距離を置き、高みから眺める思考が図を描く上で重要となります。

ただし、この思考には慣れが必要です。

そこで、比較の解説に入る前に、頭の働かせ方に関するお話をしたいと思います。

「2つの思考」を行き来することで図の精度を高める

人は筋肉を収縮させたり、弛緩させたりすることにより、体を動かします。

脳も同様に、緊張と弛緩を適度に繰り返すことで活性化し、効果的に働かせることができます。

神経には「交感神経」と「副交感神経」という2つの正反対の働きがあることで、活動と休養のバランスを保っています。

脳にも、同様に2つの正反対の働きがあります。

それが、**「発散思考」**と**「収束思考」**です。

「発散思考」とは、脳が開放されているイメージであり、自由な発想が出やすい状態のことです。

想像力を働かせて新しいアイデアを出したり、いろいろなことに気づき、考えの落とし穴を発見したりできます。

直感が働きやすく、創造性が豊かになっている状態です。

もうひとつの**「収束思考」とは、脳が引き締まっているイメージであり、精緻に考えやすい状態の脳**です。

細かいミスに気づき、ものごとを論理的に突き詰めたり、批評したりしやすくなります。

図を描いて考えることで、この「発散思考」と「収束思考」をうまく使い分けることができるようになるのです。

自由に考えつくことを書き出したり、ラフに図を描いたりする際は「発散思考」を全開にし、図を完成させる際には「収束思考」を働かせます。

つまり、この2つの異なる思考を、メリハリをつけて使い分けるのに、図を描くのが効果的なのです。

5つの図のどれを描く場合でも、まずは頭の中の情報を紙に書き出し、列挙した情報の特徴をもとにラフな図を描いていきます。

この段階では、あまり厳密なことは考えず、発想のおもむくままに自由に鉛筆を動かすのがコツです。

図を精査する段階では、論理的な思考を引き出すことが大切であり、主に「収束思考」を用います。

適切で正確な図や表現を重視し、完成度を高めるのです。

自分の考えをまとめる図を描く際には、この「発散思考」と「収束思考」を意識的に使い分けることが重要です。

「発散思考」は気楽に、「収束思考」で仕上げを

「発散思考」は、自由な発想の下で〝脳〟を全開放し、頭の中のあらゆる情報を出すようにするものです。要は、自分の直観力に全幅の信頼を置くような意識です。いもづる式に考える「連想法」に似ている面があるといえるでしょう。

ただし、いきなり「これから発散思考で具体例を探してください」といわれても多くの人が戸惑ってしまうと思います。

そこで、発散思考を行うときのポイントをご紹介しましょう。

発散思考はブレインストーミングに似ていますが、ブレインストーミングが複数の人間で行うのに対し、発散思考はひとりで行うものです。「ひとりブレインストーミング」ともいえるでしょう。

ブレインストーミングは、アレックス・F・オズボーンによって考案された集団思考法で、アイデアを生み出す会議などに使われています。

ブレインストーミングの基本原則には、「評価をしない」「結論を出さない」「粗野な考えを歓迎する」「量を重視する」「アイデアを結合し発展させる」などがあります。

これをひとりで考える際の方法に応用します。

次の4点が発散思考の基本原則です。

1. **少しでも正しそうであれば思いつきでもよい**
2. **関連するものでもよい**
3. **書き出す量は多いほどよい**
4. **書き出した内容を見て新たに思いつくものも書き出す**

この段階で「精密さ」を求めると、重要な「具体例」を落としてしまう恐れがありますので、やや適当な感覚を持って臨むことが大切です。

たとえば、「風邪をひいて学校にいけない」という問題に関して発散思考を行ってみた場合の例を示します。

・先生に連絡するか？
・友達に伝えるか？
・今日、休むと成績に響くのでは？
・本当に風邪なのか？（悪い病気でなければよいが……）
・生徒の多くが風邪で「学級閉鎖」になっているか？
・風邪の正式な疾患名は何なのか？
・どの程度の風邪なら学校に行くべきか？
・そもそもなぜ学校に行くのだろう……　etc.

ＳＴＥＰ１の「具体例を出す」ときだけでなく、ＳＴＥＰ２の「比較」の際にも、この発散思考を意識して行うとよいでしょう。

STEP3で図をラフに描く際には「発散思考」でかまいませんが、図を完成させる段階では主に「収束思考」を用います。

適切な図になっているかを検証しつつ、必要に応じてブラッシュアップをします。

このとき、**「バランス感」「レベル感」「ボリューム感」**の3点が重要です。これらを意識しながら情報を吟味していきましょう。

論理的に正しく、的確な答えは、「図」としてもきれいで整って見えるものです。

収束思考のポイントは、次の4点です。

1. **適切な表現に変える**
2. **重要でない事項は削除する**
3. **冗長な表現を省きコンパクトにする**
4. **似た内容の事項はまとめるか、ひとつに絞る**

発散思考とは真逆の頭の働かせ方をするように意識しましょう。

既存の分類法を使って「違い」を見つける

ＳＴＥＰ２「比較」の作業内容について解説していきます。

まずは、ＳＴＥＰ１で挙げた具体例の相互関係を見ながら、「違い」を見つけていきます。具体例が数多くある場合、まずは共通点を探してグループをつくり、それぞれのグループの違いを見つけるという流れになります。

具体例が数個（本書では内容を単純化するためにあらかじめ数を絞っています）の場合、それぞれの具体例の間にある違いを直接、見つけることになります。

どんな違いでもかまいません。いろいろと思いつくはずです。

たとえば、「前・中・後」、起承転結などの時間軸や順序に着目したもの、「原因」「結果」などの因果関係に着目したもの、ＰＤＣＡ（Plan-Do-Check-Action）や５Ｗ１Ｈ（What-When-Where-Why-Who-How）のようにすでにある分類方法が想定されます。

いろいろな視点で「違い」を探す

視点1 起承転結

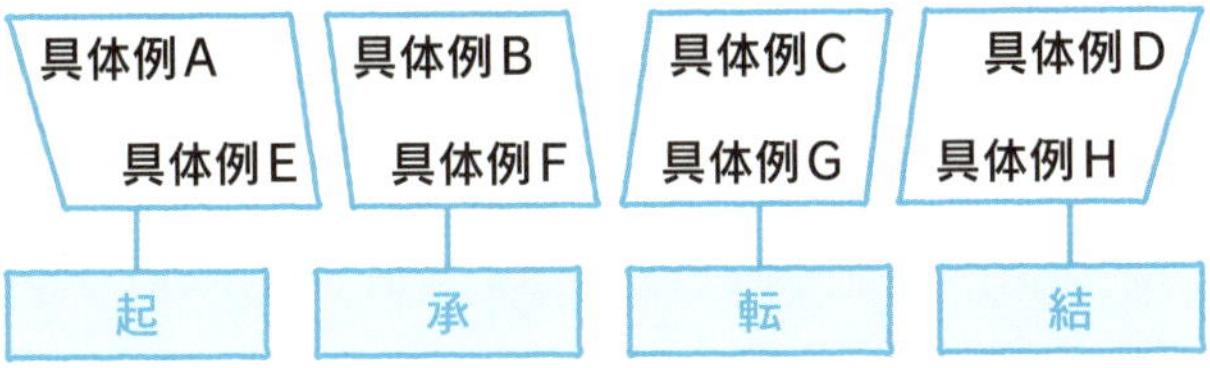

視点2 原因と結果

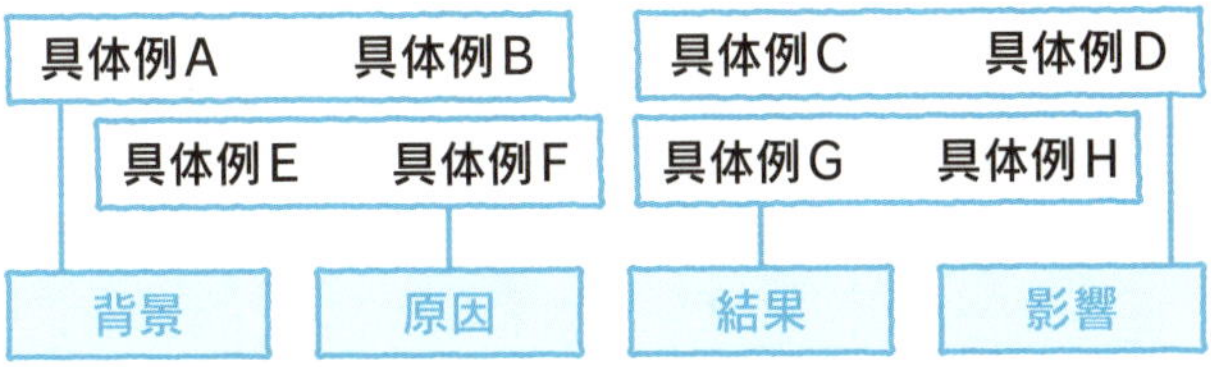

視点3 PDCA

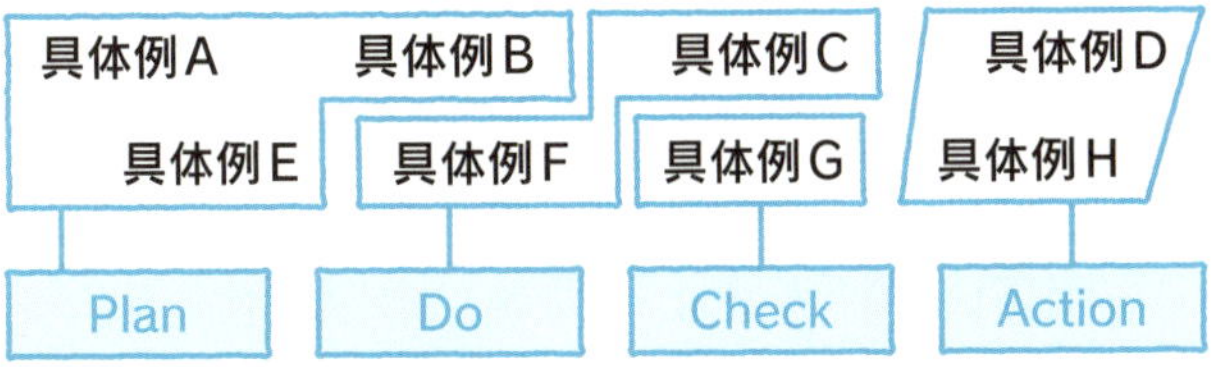

どのような観点での「違い」であっても図は描けますが、結論は異なってきます。

したがって、いくつか想定される「違い」の中で適切なものを採用することが大切といえます。

また、グループをつくってからグループ間の違いを見る場合、すでにグループ化した時点でどのような違いが出るかが決まりますので、グループ化の仕方が結論に大きな影響を与えます。

もちろん、解決策や導きたい答えによって、何が適切となるかは異なります。

決まったルールはないため一概にはいえませんが、たとえば、抱えている問題や課題の原因をつかみたいときは「時間の順序ないし因果関係」、状況のタイプ別に対応策を検討したいときは「対策を講じる主体・時点・方法」、新しい企画を立てたいときは「具体例の優れた点を浮き彫りにする切り口」、適切な選択肢を選びたいときは「計測ないし数値化が可能なもの」に着目すると、よい図が描ける場合が多いといえるでしょう。

それでは、「STEP1」で列挙した「具体例」を見比べながら、10のケースについて実際に違いや共通点を洗い出す作業を行っていきましょう。

どんな「違い」を探せばよいか？

1 抱えている問題や課題の原因をつかみたいとき…

→ 時間の順序ないし因果関係

2 状況のタイプ別に対応策を検討したいとき…

→ 対策を講じる主体・時点・方法

3 新しい企画を立てたいとき…

→ 具体例の優れた点を浮き彫りにする切り口

4 適切な選択肢を選びたいとき…

→ 計測ないし数値化が可能なもの

ツリー図①

グループ分けのためのキーワードをつくる

まず、ケース1「自社の会議を効率化して早く終わらせるにはどうしたらよいか」についてです。ケース1はツリー図に落とし込みます。

STEP1（75ページ）で書き出した「会議に遅れる人が多い」「資料の用意が遅い」などの問題の原因と思われる情報を比較してみると、「会議の開始に関すること」「報告時間に関すること」「議論の進め方に関すること」の3つのグループに分けられました。この3つのグループは「終了時間が遅い」ことと、どのような関係があるのでしょうか。会議の開始が遅れて、報告時間が長く、議論の時間が長いために、結果として終了時間が遅くなる。つまり、「開始が遅れる」「報告時間が長い」「議論の時間が長い」の3つは、「終了時間の遅れをもたらす原因」といえます。

これで、あとはSTEP3でツリー図に落とし込むだけとなります。

「影響」から、キーワードを考えてみる

解決したい問題

社内の会議を予定時間内に
終わらせるにはどうしたらよいか

具体例

（会議が非効率になっている原因と思われる事例）

・会議に遅れる人が多い
・資料の用意が遅い
・報告資料が多い
・発表者が多い
・たびたび議論が堂々巡りになる

会議の開始に関すること

報告時間に関すること

議論の進め方に関すること

ツリー図②

具体例を見比べて分類の切り口を探す

ケース2の「自社よりも受注額を安く提示している競合他社に勝って仕事を受注するにはどうすればよいか」については、STEP1（79ページ）で書き出した「安く実施できた自社の過去のイベント」を振り返ってみます。

ひとつは「公益性の高い団体が管理・運営している施設を会場に使用した」で、会場費を安くできた点が挙げられます。

しかし、今回は先方が開催会場を指定しているので、自社も他社も同じ費用になります。

次に、「類似のイベントを企画・運営したことがあり、過去の運営計画や進行台本などをほとんどそのまま使用できた」もあります。同種の経験を有する社員を活用できたため、人件費を安く抑えられました。

具体例の「望ましい」側面に光をあてる

解決したい問題

自社より安い受注額を提示している競合他社に勝って仕事を受注するにはどうしたらよいか

具体例

（安く実施できた自社の過去のイベント事例）

- 公益性の高い団体が管理・運営している施設を会場に使用した →会場費が安かった
- 類似のイベントを企画・運営したことがあり、過去の運営計画や進行台本などをほとんどそのまま使用できた →人件費が安かった
- ホームページやメルマガなどの電子媒体を活用して参加者を募ったので、PRのための印刷費がかからなかった →広報費が安かった

※「費目別」に整理すればよい
※コストの高い順に並べてみてはどうか？

このほかに考えられる費用を含めると……

※人件費＞広報費＞会場費＞パネリストなどへの謝金＞通訳の派遣費＞看板制作費＞プロジェクターなどの機材レンタル費、となる。

今回のケースでは、他社は初めてこのイベント事業を行おうとしているのですから、それは無理と思われます。むしろ安くできるのは、長年の実績のある自社のほうです。

そのほか、「ホームページやメルマガなどの電子媒体を活用して」費用を抑えたケースもありますが、今回はポスターやチラシの印刷を想定しているので、他社も自社も同様に費用を大幅に下げることは難しそうです。

このように考えると、「過去のイベントの経験」は自社が他社に価格面で勝負する鍵を見つける上では残念ながら役に立ちません。しかし、「支出の費目」に着目して分析すれば、他社との違いを明確化できることはわかりました。

また、大きな支出の費目から順に並べて整理すれば、削減の余地と効果を検証しやすくなります。

自社の見積額の内訳と他社の内訳想定を比較し、高い費目順に並べてみると、通訳者への費用やパネリストなどへの謝金の額の2つに大きな差異があるとの推測がつきました。

なお、切り口を探すときは、**思いついたものを五月雨式で列挙する「探索型」の方法が基本ですが、手がかりがないと違いを見つけにくい場合は、すでにある分類方法をヒントにする手もあります**。

今回のケースは「費目別の整理」という既存の分類法を採用している例といえるでしょう。

フロー図①

「原因と結果」の関係にある事例を矢印でつなげる

ケース3の「低価格の缶コーヒーを売り出すにはどうしたらよいか」では、STEP1（83ページ）で近年の缶コーヒーに関する状況を次のように列挙しました。

・缶コーヒーの種類は近年、急速に多様化した
・缶コーヒー市場に参入する企業が増えた
・ペットボトル型コーヒーが目につくようになった
・従来型の形状の缶コーヒーは新味性に欠けるようになってきた

このケースは、STEP1でフロー図に落とし込むと決めたので、STEP2では、これらの要素を「原因と結果」の関係に着目して矢印でつないでいきます。

矢印でつなげると、新たな「事実」が見えてくる

解決したい問題

破格の製造費で受けてくれる飲料メーカーを
見つけるにはどうしたらよいか？

具体例 （近年の缶コーヒーに関する状況）

- 他社が低価格の缶コーヒー（PB商品）を売り出した
- 缶コーヒーの種類は近年、急速に多様化した
- 缶コーヒー市場に参入する企業が増えた
- ペットボトル型コーヒーが目につくようになった
- 広口ボトル型缶コーヒーが出てきている 追加
- 従来型の形状の缶コーヒーは新味性に欠けるようになってきた
- **市場競争が激化。飽和状態になりつつある（のでは？）** 追加
- コーヒーの主要な購入層である生産年齢人口は減少してきている 追加

このとき、「具体例」同士を見比べ、**論理的に飛躍のある箇所も探して補っていく**のがポイントです。

たとえば、「他社が低価格の缶コーヒー（ＰＢ商品）を売り出した」のは一例に過ぎません。

しかし、「缶コーヒー市場に参入する企業が増えた」ことの一端を示していると考えられるので矢印でつなぎます。

また、「ペットボトル型コーヒーが目につくようになった」は、「従来型の形状の缶コーヒーは新味性に欠けるようになってきた」につなげられるでしょう。

書き出した要素を見比べていく中で、「広口ボトル型缶コーヒーが出てきている」という点が従来型の形状の缶コーヒーを陳腐化させているということにも新たに気づきました。

そこで、これも要素に追加し、「従来型の形状の缶コーヒーは新味性に欠けるようになってきた」につなげます。

では、これらの状況を踏まえ、現在この業界では何が起きていると考えられるでしょうか。

ここでは、「市場競争が激化。飽和状態になりつつある」と推察されたので、それを書き足します。

そして、この推論を補強する新たな要素として「コーヒーの主要な購入層である生産年齢人口は減少してきている」を追加し、矢印でつなぎました。

フロー図②

直面している問題と事例を矢印で結ぶ

ケース4の「仕事が期限内に終わりそうにない場合、どうすればよいか」についても、フロー図に落とし込むと決めました。

したがって、STEP1（87ページ）で書き出した「作業期間の読みが甘かった」「回答に誤記入や未記入が多かった」「調査員のレベルに問題があった」という問題の原因と思われる事例を比較しながら、矢印でつないでいきます。

この問題の直接の原因は「電話での確認作業に思いのほか時間を要している」ことです。「思いのほか時間を要している」というときの「思いのほか」とは何でしょうか。

そもそも作業期間の読みが甘かった可能性はなかったのでしょうか。

因果関係で結んでいくと、真の原因にたどり着ける

解決したい問題

クライアントへ報告する期日の遅延を
なくすにはどうしたらよいか

具体例（遅延をもたらす原因として考えられること）

- 電話での確認作業に
  思いのほか時間を要している
- 作業期間の読みが甘かった（？）
  → 過去の類似調査を参考にした
- 回答に誤記入や未記入が多かった（？）
  → 類似調査の誤記入率および未記入率と
  大差はなし
- 調査員のレベルに問題があった（？）
  → 調査経験の豊富なスタッフ
- 一質問あたりの確認時間が長い
  → 必要以上に丁寧に電話確認を
  行っていた

確認したところ、今回の調査期間の設定は過去の類似調査を参考にしていることがわかりました。

決して読みが甘かったわけではなさそうです。


過去の類似調査に照らして業務量が同程度であれば、なぜ今回に限り確認作業に手間取っているのでしょう。

次に考えられるのは企業の回答者に誤記入や未記入が多く、電話での確認が増えてしまっているということです。

ところが、類似調査の誤記入率および未記入率を今回のものと比べたところ、大きな差はありませんでした。


もしかすると、確認作業を担当している3名の調査員のレベルに問題があるのかもしれません。

しかし調べてみると、調査経験の豊富なスタッフであることがわかりました。

回収されたアンケートの誤記入や未記入が多いわけでもない。

質問数が特段多いわけではなく、調査員のレベルも低いわけではない。

それなのに確認作業が通常の2倍かかっている。

こうなると、「一質問あたりの確認時間が長い」こと以外には考えられません。

以上のように、しらみつぶしに、かつ、論理的に突き詰めていけば、真の原因は必ず明らかになっていきます。

マトリクス図①

2つの視点で具体例をグループ化する

次は、ケース5の「顧客への商品の納期遅れをなくすにはどうしたらよいか」を考えてみます。

このケースは前にマトリクス図に落とし込むと決めたので、STEP2では、列挙した「具体例」を見比べながら、2つの軸を抽出していきます。

まず、STEP1（91ページ）で列挙した次の「過去に納期を守れなかった事例」をいくつかのグループに分けてみましょう。

・納期を忘れる
・配達中に道に迷う

具体例の内容を見比べて 2つの視点を探す

解決したい問題

時折発生してしまう納期遅れをなくすには
どうしたらよいか

具体例

（過去に納期を守れなかった事例を書き出す）

自分のミス！
配達前

- 納期を忘れる
- 配達中に道に迷う
- ひとつ前の納品先でトラブルが発生し、引き止められる
- 納品する製品が本部から届かない

不可抗力？
配達中

責任の所在
問題発生の時期

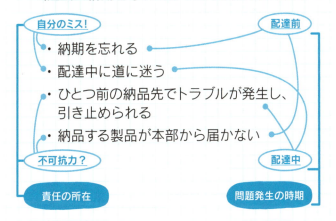

・ひとつ前の納品先でトラブルが発生し、引き止められる
・納品する製品が本部から届かない

2つの異なる角度から要素を眺め、適切な分類の視点を見つけることが大事です。

ここに掲げた4つの要素のうち2つが「配達前」の問題、残り2つが「配達中」の問題となっているようです。


さらに眺めていると、「自分のミス」に関係する例と、自分に責任のない「不可抗力」によるミスの例に分けることもできます。

そこから、「問題発生の時期（配達前か配達中か）」と、「責任の所在（自分のミスか不可抗力か）」という2つの軸が見えてきました。

マトリクス図を作成する場合は、ここまでの作業ができて、STEP2までをクリアしたといえます。


事物を立体的に見るためには2つの視点が必要になりますが、2つの視点の角度が

ほぼ同じだと、立体には見えないのと同じように、マトリクス図で用いる視座はできるだけ異なっているほうが望ましいでしょう。

このケースでは「問題発生の時期」と「責任の所在」というまったく異なる視座を設定したので、この点はクリアしているといえます。

マトリクス図②

「強み」に着目して共通点を探す

ケース6の「新しい商品のアイデアを出すにはどうしたらよいか」について考えてみます。

ある旅行会社で、近年、注目されるようになってきている旅行に関する動きを踏まえながら、新しい旅行商品を企画したいという内容でした。

このケースは、STEP1でマトリクス図に落とし込むと決めたので、STEP2でマトリクス図を作成する際に必要となる2つの視点を抽出することが必要になります。

STEP1（95ページ）で、旅行に関する新しい動きとして「メディカルツーリズム」と「民泊」の2つを書き出しました。

具体例の「違い」と「共通点」から視点をつくる

解決したい問題

新しい旅行商品のアイデアを出すには
どうしたらよいか

具体例

（旅行に関する「新しい動き」）

新しい体験

旅行以外の要素を追加

・メディカルツーリズム
医療サービスと旅行サービスを
セットで提供

旅行の価値？

通常の商品との違い

・民泊
宿泊施設・民宿を貸し出す人と
宿泊したい人を
インターネットでつなぐ

移動と滞在

宿泊費が安い

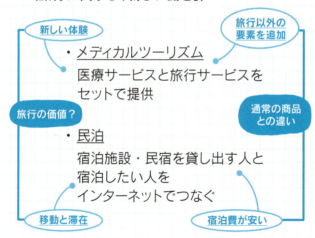

まず、「メディカルツーリズム」は医療サービスと旅行サービスをセットで提供することです。

つまり、旅行に「旅行以外の要素を追加」したものだといえます。

その結果、通常の旅行とは異なる「新しい体験」を提供しています。

もうひとつの「民泊」については、宿泊の仕方に新しい手法を導入しています。

考えてみれば旅行とは「移動と滞在」という2つの機能を組み合わせたサービスであり、民泊ビジネスは、このうち「滞在」機能に工夫を加えたものといえます。

ここまでの考察内容を踏まえると、新しい体験の提供も、新しい滞在の仕方の提供も旅行の価値に着目しているといえるでしょう。

そこで、1つめの視点は「旅行の価値」とすることにします。

次に2つめの視点としてはどのようなものが考えられるでしょうか。

「メディカルツーリズム」については、医療サービスという別の要素を旅行に加えたものであるといえます。

「民泊」は、ホテルや旅館という宿泊施設と比べると、一般的に「宿泊費が安い」といえます。

したがって、2つめの視点としては、「医療サービスという別の要素を旅行に加えたもの」「一般的な宿泊施設よりも宿泊費が安い」という点から、「通常の商品との違い」を導き出しました。

ベン図①

対立する主張の裏にある「価値観」を探る

次にケース7の「社内の部署間の対立を解消するにはどうしたらよいか」を見てみましょう。

内容は、あなたの勤めている会社で販売を予定している新製品のゲーム機の開発担当者が、開発期間の延長を申し入れてきましたが、販売担当者のあなたは、予定通りクリスマスまでに販売したいと考えているので、この対立からどのように合意点を探ればよいかというものでした。

このケースは、ＳＴＥＰ１の段階で、５つの図の技法からベン図に落とし込むことを決めました。

ベン図に落とし込むためには、STEP2で、**双方の主張の背景に潜む価値観を明確にする**ことがポイントです。

STEP1（99ページ）では、次のような主張を書き出しました。

・開発担当者は新商品の発売時期を遅らせたい
・販売担当者は新商品を予定通りの期日で販売したい

双方の主張の背景には、どのような価値観が隠されているのでしょうか。

開発担当者の立場からは、「たとえ発売時期をずらすことになったとしても、より完璧な製品を販売し、よりよい製品をユーザーに提供したい」という考えがあります。

開発担当者が重視する価値観をひと言でいうなら、「製品の質」と推測されます。

一方、販売担当者は競合他社とのシェア争いに負けぬよう、他社が新製品を売り出すとうわさされている来年の1月より前で、しかも財布の紐が緩みやすい年末に売り出したいと考えています。

販売担当者が重視する価値観をひと言でいうなら、「発売時期」と推測されるでしょう。

以上から、対立する2つの主張の裏には「製品の質」と「発売時期」という2つの隠れた価値観があるということがわかりました。

「なぜ、その主張をするのか？」を考える

解決したい問題

新商品発売に関して、開発担当者と販売担当者の対立を解消するにはどうしたらよいか

具体例

（開発担当者と販売担当者の主張）

	開発担当者	販売担当者
主張	発売時期を遅らせたい	予定通りの期日で販売したい
理由	発売時期をずらしてもより完璧な製品を発売したい	売れ行きの高いタイミングで発売したい
重視する価値観	「製品の質」	「発売時期」

ベン図②

それぞれの主張の「背景」を探る

次に、ケース8の「業務委託先からの増額要求に対処するにはどうしたらよいか」について考えてみます。

このケースの内容は、次のようなものでした。

あなたの会社に、毎年度自社の業務の一部を委託している外注先から、当初契約していた仕様よりも、実際の業務量が増えたため、委託額を増額してほしいとの申し入れがあったが、担当者であるあなたは、出来高払いの契約ではないので、今になって増額を要求されても困るというものでした。

このケースも、ＳＴＥＰ１でベン図に落とし込むことを決めました。

問題の背景を突き詰めて落としどころを見つけることが目的なので、このケースでも、ＳＴＥＰ２の作業としては、業務委託先と自社の価値観の明確化となります。

STEP1（103ページ）で、業務委託先の主張として「受注額の増額を要求」と書きました。

自社の主張としては、「増額したくない」と書き出しました。

それぞれの主張の裏には、どのような価値観があるのでしょうか。

まず業務委託先の主張の背景を探りますが、なぜ増額を要求しているのかは明らかです。

想定よりも業務が膨らみ、かつ、外部に発注した再委託の費用は削れず、外注先の利益が減ってしまうためでしょう。

つまり、**「適正利益を確保したい」**との思いが増額要求につながっていると推察されます。

一方、あなたの主張の根拠は今回の契約形態にあります。要した費用分を支払う出来高払い方式ではなく、確定払いの契約を締結しており、業務の進め方ではなく、成果に対して支払うことを約束しているのですから、増額に対応する必要はないということです。

でも、それは本当でしょうか。

建前的なロジックは、疑ってかかったほうがよいでしょう。真実を隠している可能性を示唆しているからです。

自問自答をしてみると、増額承認の権限がないというのは事実ですが、上司に働きかけることは十分に可能です。

どうやらそもそも、部署で使える予算の総額が決まっているため、増やしたくても増やせないというのがあなた自身の本音でした。

つまり、**「部署で使える予算が決まっている」**があなたの主張の「背景」と考えられます。

主張の裏には
必ず相手の「本音」が隠されている

解決したい問題

業務委託先の増額要求に
対処するにはどうしたらよいか

具体例

（外注先と自社の主張）

	外注先	自社
主張	受注額の増額を要求	増額したくない
理由	当初契約していた仕様よりも、実際の業務量が増えた	出来高払いの契約ではない
重視する価値観	「適正利益を確保したい」	「部署で使える予算が決まっている」

点グラフ①

数量化できる判断軸を2つ探す

次は、ケース9の「適切な発注先を見つけるにはどうしたらよいか」です。

ケース9の内容は、次のようなものでした。

不動産会社に勤めるあなたは、医療施設と商業施設を複合化した新たな施設を整備するため、建設会社を選定する必要があります。

しかし、オープンまでの期間が短く、早急に竣工させなくてはなりません。しかも、医療施設と商業施設の複合施設という特殊な建物の設計ノウハウが要求されています。最適な建設会社を見つけるには、どうしたらよいでしょうか。

STEP1（107ページ）では、「病院建築を手がけたことがあり、かつ、商業施設の設計も慣れている」という基準で4つの建設会社をリストアップしました。

・医療施設の設計については全国で最も実績の多いA社
・施工期間の短さでは定評のあるB社
・巨大な郊外型ショッピングセンターの一角に診療所を設けた施設を設計・施工したことがあり施工期間が短めなC社
・病院の中に店舗のある施設の設計・施工を複数経験しているD社

このケースは、STEP1で点グラフに落とし込むと決めました。

点グラフを描くには、STEP2で**数値化できる要素（これを代表指標と呼びます）を2つ探す**必要があります。

「軸を数値化する」とは、抽出した「軸」の代表指標を設定することを意味します。たとえば、「太っている」であれば「体重」、「報告がダラダラしている」であれば「報告に要する時間」などとなります。

代表指標を見つけにくいときは、軸の内容を計測するにはどうしたらよいかを考えるとよいでしょう。

この場合、評価軸の設定に当たって大切なことは、「最適な建設会社とはどのような要件を満たす会社なのか?」を具体的に考えることです。

まず、設計作業と建設を急いでいるのだから、第一は「短期間で建設できる」会社でなくてはなりません。この要素を数値化して表すなら「設計および施工に要する平均期間」でしょうか。

ただし、短いからといって設計のレベルや建設の技術が低いのも困りものです。たとえば、医療機能と商業機能を組み合わせて相乗効果を持たせられる「特殊な設計ノウハウを持っている」という点も重要です。

質を数量化するのは難しいのですが、同種の案件を数多くこなしていればレベルが上がるとみなし、ここでは「類似プロジェクトの実績数」を見ることにしましょう。

具体例を「数」や「時間」で比較できるかを考える

解決したい問題

特殊な設計ノウハウを持ち、短期間で設計から施工までを行える建設会社を見つけるにはどうしたらよいか

具体例（条件を満たしそうな建設会社）

- 医療施設の設計については全国で最も実績の多いA社　実績あり!
- 施工期間の短さでは定評のあるB社　短工期!
- 診療所併設のショッピングセンターの設計・施工経験のある施工期間が短めなC社　実績あり、短工期!
- 病院の中に店舗のある施設の設計・施工を複数経験しているD社　実績あり!

最適な設計会社とは?

特殊な設計ノウハウを持つ ―― **類似実績の数**

短期間で建設できる ―― **設計および施工に要する平均期間**

点グラフ②

「ひとつのこと」を2つの軸で表現する

次は、ケース10「自社の製品を売り込むにはどうしたらよいか」を見てみましょう。

ケース10の内容は、次のようなものでした。

コピー機メーカーの子会社に勤める営業担当のあなたは、自社が扱うコピー複合機のリース契約を増やす業務を行っており、複合機を導入していない企業に対し、自社の製品を利用してもらえるよう売り込むにはどうすればよいかという対策を考えています。


STEP1（111ページ）では「自社が扱う複合機A〜Dの4タイプ」を書き出しました。

・月々のリース料金は全タイプ中最も高いが、1枚当たりの出力コストは最も低いタ

「維持費」は「リース料金」と「1枚あたりの出力コスト」で表せる

解決したい問題

自社が扱う複合機を売り込むにはどうしたらよいか

具体例 （自社の複合機のタイプ）

- 月々のリース料金は全タイプ中最も高いが、1枚当たりの出力コストは最も低いタイプA
- 出力コストは最も高いが、リース料金は2番目に低いタイプB
- 出力コストは2番目に低く、リース料金は2番目に高いタイプC
- リース料金は最も低いが、出力コストは2番目に高いタイプD

	リース料金	1枚当たりの出力コスト
タイプA	高い	低い
タイプB	まあ低い	高い
タイプC	まあ高い	まあ低い
タイプD	低い	まあ高い

イプA
・出力コストは最も高いが、リース料金は2番目に低いタイプB
・出力コストは2番目に低く、リース料金は2番目に高いタイプC
・リース料金は最も低いが、出力コストは2番目に高いタイプD

このケースは、STEP1で点グラフに落とし込むと決めたので、STEP2で数値化できる2つの要素を考える必要があります。

自社のリース製品は、消費電力が少ない上、1枚当たりの出力コストが安いことを売りにしたコピー複合機です。

そこで「自社の複合機をリースすれば現状よりも維持費が下がる」という点を打ち出したいと思います。

次に、**「維持費」を表現する2つの軸**を考えます。維持費は大きく「リース代」と「カウンター料金」に分かれます。リース代は毎月一定額ですが、カウンター料金は出力枚数が増えればその分だけ費用が高くなります。

したがって、「リース料金」と「1枚当たりの出力コスト」を2軸とします。

STEP 3

「図」にする

～図から
答えが浮かび上がる～

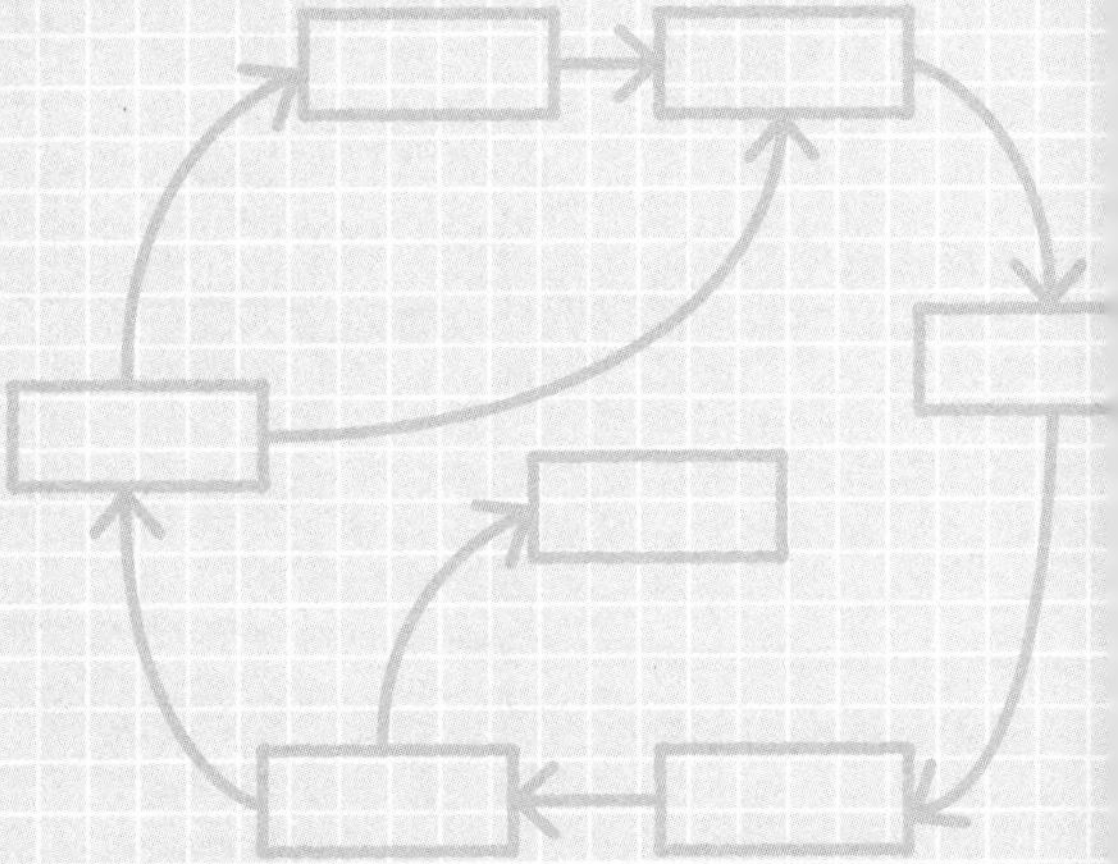

図に落とし込み、「論理的におかしい点」を修正する

ＳＴＥＰ１で具体例を出し、ＳＴＥＰ２でその具体例を比較するところまで解説しました。

いよいよ最終ステップに入ります。

ＳＴＥＰ３「図を描いて、答えを導き出す」です。

ＳＴＥＰ２までに書き出した内容を実際に図にしてみると、抜けている要素や曖昧な箇所などがあることに気づきやすくなります。

図の内容を眺めながら、論理的におかしい箇所を修正したり、補足したりすることで、図がブラッシュアップされ、確度の高い内容になっていきます。

図をブラッシュアップするときは、「仮に他の人に見せた場合にも内容が伝わるか？」という観点で図を眺めてみるのがよいでしょう。

図をよく眺めて、状況・問題などの理解を深めていきます。
頭の中だけで考えていたときより、はるかに明確に理解できるはずです。
そこから、問題解決の糸口を考えていきます。

図の精度を高めていくプロセスでは、前にご説明した「収束思考」を使います。
ここまでは、図を描いて考えるプロセスをわかりやすく示すため、便宜的に3ステップに分けて解説を行ってきました。

しかし、実際の作図作業においては、じつは169ページの図のとおり、一体的に行います。

たとえば、STEP1の「具体例を探す」では、初めに「発散思考」で思いつく限り問題の原因や、参考になりそうな事例を書き出していきます。

その後に、「収束思考」で重複を削ったり、抜けを補ったりします。

そして、次のステップに進んだ後も、必要に応じて前のステップに戻ってもう一度「発散思考」で書き出したりすることで、図がブラッシュアップされ、より確度の高い図になっていくのです。

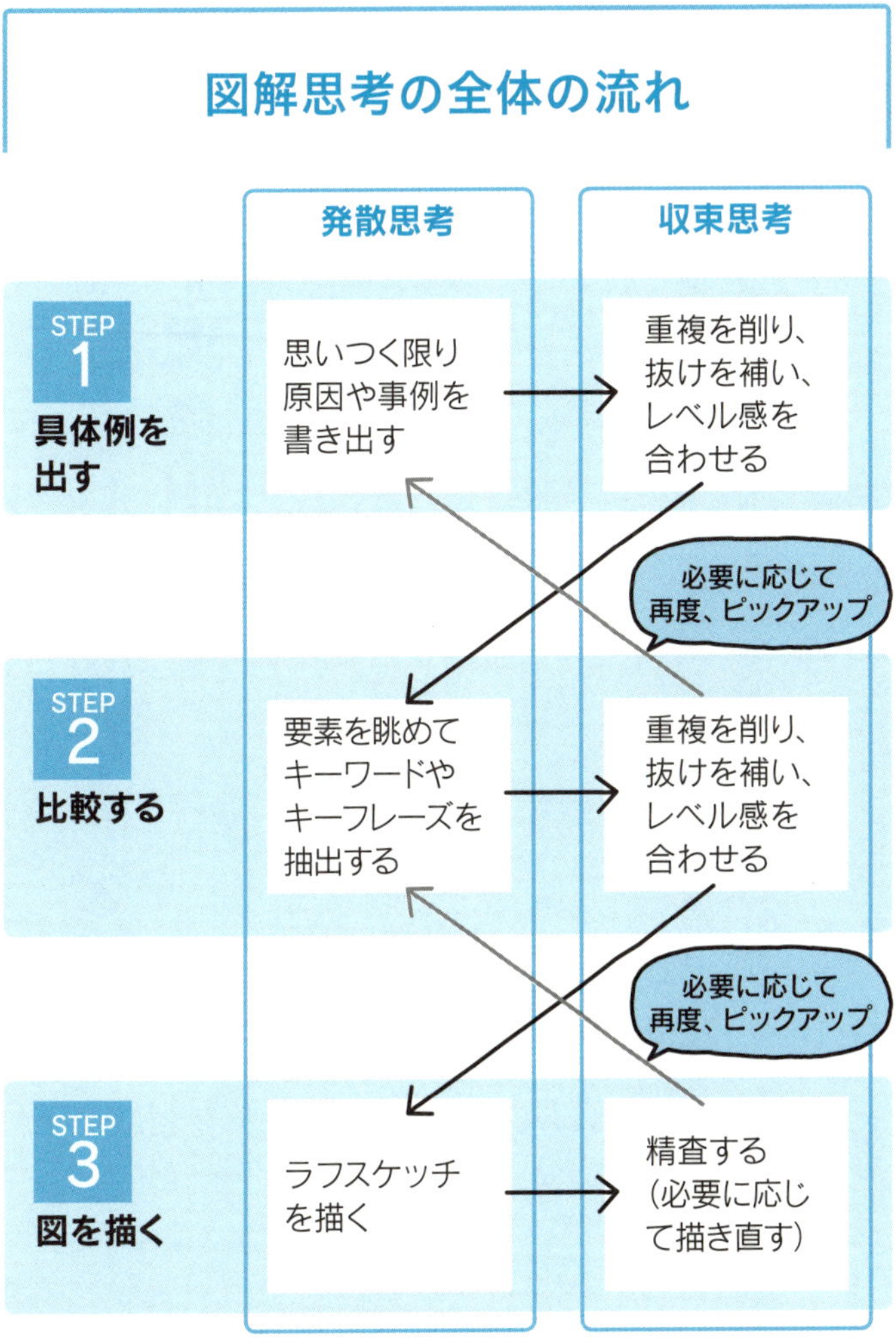
図解思考の全体の流れ
発散思考
収束思考
STEP 1
具体例を出す
思いつく限り原因や事例を書き出す
重複を削り、抜けを補い、レベル感を合わせる
必要に応じて再度、ピックアップ
STEP 2
比較する
要素を眺めてキーワードやキーフレーズを抽出する
重複を削り、抜けを補い、レベル感を合わせる
必要に応じて再度、ピックアップ
STEP 3
図を描く
ラフスケッチを描く
精査する（必要に応じて描き直す）

ツリー図①

分類・整理された問題点を眺め、「対策」を導き出す

ケース1の「自社の会議を効率化して早く終わらせるにはどうしたらよいか」は、STEP1（75ページ）で「会議に遅れる人が多い」「資料の用意が遅い」「報告資料が多い」「発表者が多い」「たびたび議論が堂々巡りになる」という問題の原因と思われる事例を書き出しました。

そして、STEP2（129ページ）で具体例をグルーピングすることで、「開始が遅れる」「報告時間が長い」「議論の時間が長い」の3項目が見えてきました。

「報告時間」と「議論の時間」はどちらも会議そのものの時間の長さに関わる項目なので、いったんまとめた後で分岐させたほうがわかりやすいかもしれません。

この3つを柱とし、この柱の下に最初に思いついた5点をツリー図に書き込んだら、

グループ分けした項目に 1つずつ対策を出していく

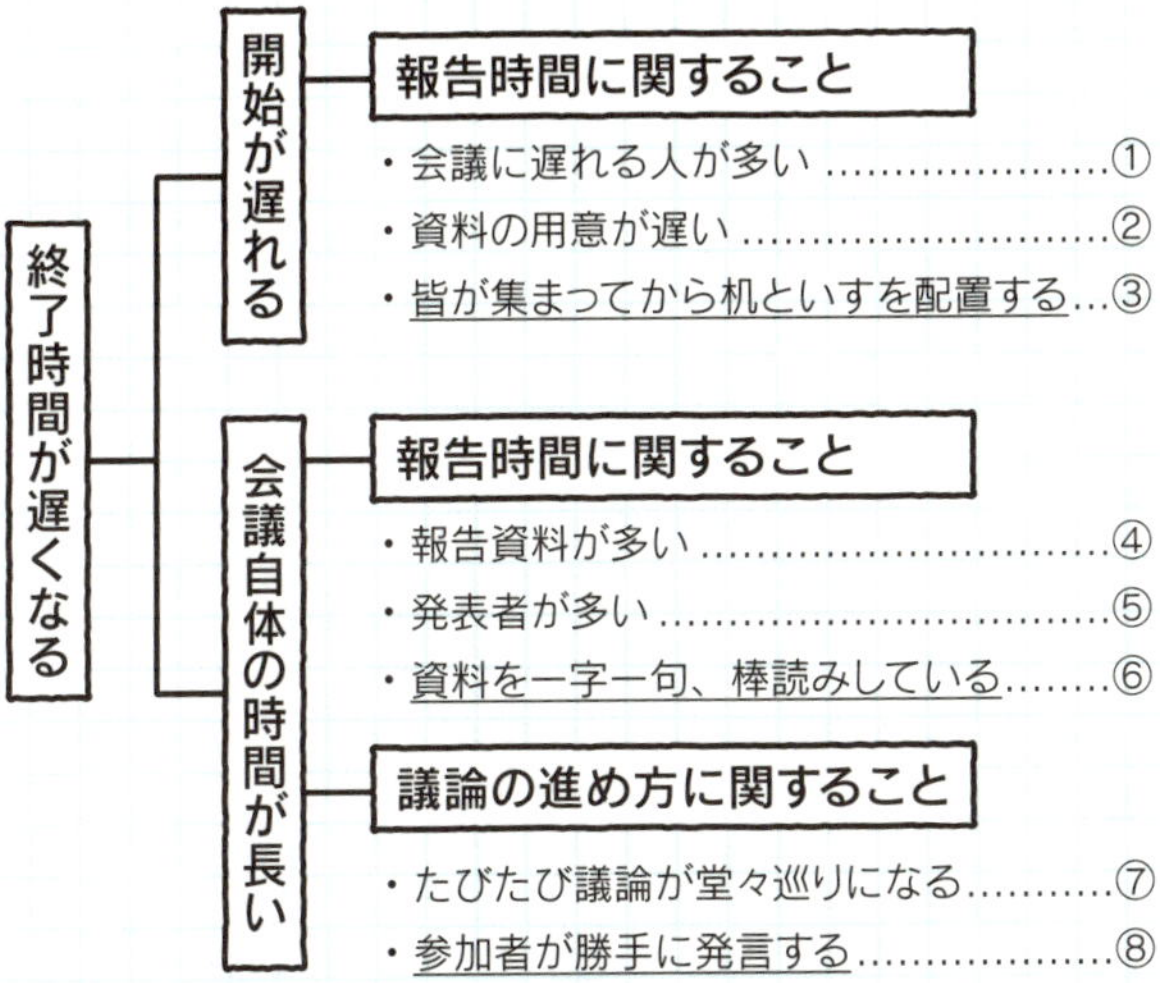
終了時間が遅くなる
開始が遅れる
報告時間に関すること
・会議に遅れる人が多い……①
・資料の用意が遅い……②
・皆が集まってから机といすを配置する…③
会議自体の時間が長い
報告時間に関すること
・報告資料が多い……④
・発表者が多い……⑤
・資料を一字一句、棒読みしている……⑥
議論の進め方に関すること
・たびたび議論が堂々巡りになる……⑦
・参加者が勝手に発言する……⑧

★導き出した答え（対策）

①……… 時間厳守！　全員集まらなくても時間通りに開始
②、③… 前週の金曜日までに準備
④……… 資料はＡ４判３枚以内に収める
⑤……… 発表者を絞る
⑥……… 説明はポイントのみにする
⑦……… 司会（進行役）を置き、議論の目的とゴールをはっきりさせる
⑧……… 司会（進行役）が指名してから発言する

いったん、5点の内容を意識から外して3項目だけを考えます。

「開始が遅れる」「報告時間が長い」「議論の時間が長い」に関して、ほかにも問題がないかを発散思考を用いて考えるのです。

たとえば、「開始が遅れる」については「皆が集まってから机といすを配置する」、「報告時間が長い」については「配布資料の文章を一字一句、棒読みしている」、「議論の時間が長い」については「参加者が勝手に発言し、交通整理がうまくいっていない」が思い当たりました。その場合、これらも図に書き加えることにします。

最後に、列挙した問題にダブりや抜け、モレがないかを収束思考を用いてチェックし、図を完成させます。

問題の原因が整理できれば、対策を考えるのは簡単。**それぞれの原因に対して、ひとつずつ対策を考えればよい**のです。

たとえばこのケースでは、会議のメンバー全員に「開始時間の厳守」「司会（進行役）が指名してから発言する」というルールを徹底させ、発表者には「前週金曜日までに資料を準備する」「資料はA４判３枚以内に収める」「説明はポイントのみにする」の３点を伝えます。

また、司会（進行役）は「前週金曜日に会議室の机といすを配置しておく」「議論の目的とゴールをはっきりさせる」「発表者を絞る」を心がければよいでしょう。

ツリー図②

「打開できそうなポイント」を導き出す

ケース2の「競合他社に勝って仕事を受注するにはどうすればよいか」では、STEP1（79ページ）で「同社が把握している、通常よりも安い費用で実施できたイベント業務の例」として次の3つを書き出しました。

・公益性の高い団体が管理・運営している施設を会場に使用した
・類似のイベントを企画・運営したことがあり、過去の運営計画や進行台本などをほとんどそのまま使用できた
・ホームページやメルマガなどの電子媒体を活用して参加者を募ったので、PRのための印刷費がかからなかった

そして、STEP2（131ページ）で、「支出の費目」に着目して分析すればよいことがわかりました。

分類・整理すると、かならず改善ポイントが見えてくる

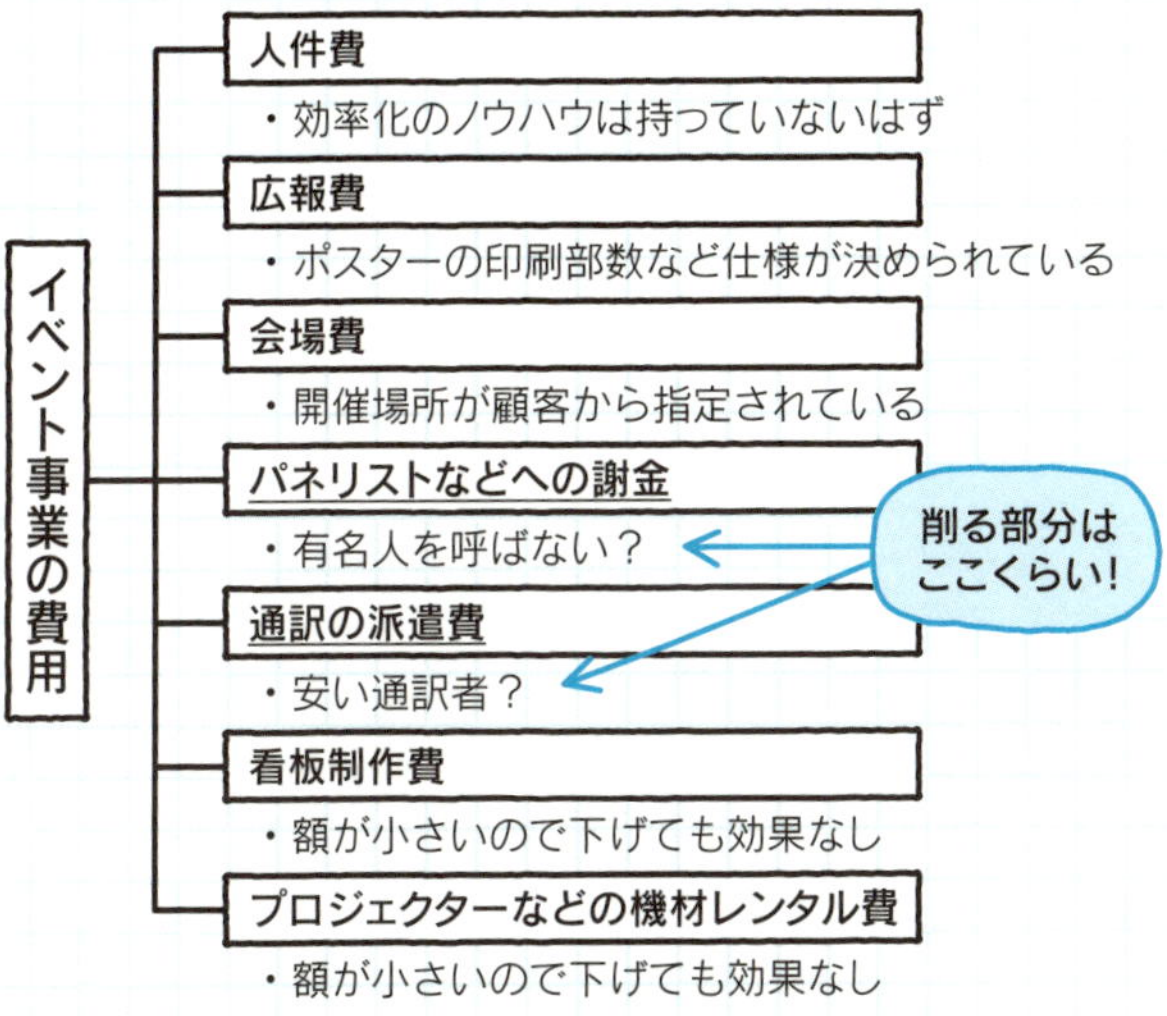

※同時通訳が大切なイベント。通訳者の質が低いと外国からの参加者の評価が下がる懸念がある
※一流の講演者やパネリストでないと集客に不安！

★導き出した答え（提案事項）

- 他社は総額を下げるために、知名度の低い講演者、質の低い通訳者などを予定している可能性があり、その場合はイベント時にトラブルが発生する恐れもあり、かえってコストが高くつく
- 自社は、知名度の高い講演者やパネリストを招く予定。参加者の関心が高まるばかりか、メディア受けもよくなる
- 質の高い通訳者を配置することで、外国メディアの反応もよくなる

このケースはツリー図に落とし込むことにしているので、STEP3では、「見積もりの費目」を高い順に並べ、今回のイベント費用の項目をすべてツリー図に追加し、費用削減の可能性をチェックしてみます。

その結果、他社は全体額を少なくするために「通訳者への費用」や「パネリストなどへの謝金」を減らす方法をとっているのではないかと推察できました。

逆に同社は通訳者とパネリストの質を他社よりも重視した積算になっていることが、あらためてわかりました。

では、同メーカーに対してどのようにアプローチしていけばよいのでしょうか。

他社の見積もり費用の安さは、強みであるとともにウイークポイントでもあることに気づきます。たしかに、同メーカーとのやりとりから、「費用を安く抑えたい」ことが同メーカーの意向のひとつであることは明らかです。

ただし、本イベントの位置づけ（同メーカーの一大事業である）をかんがみれば、イベント時にトラブルが起きないこと、参加者が満足すること、イベントを通して新製品の認知度が高まること、できれば参加者に、新製品の購入を前向きに考えてもらうこと、このイベントがメディアに大きく取り上げられることなども顧客である同メーカーが望んでいると思われます。

トラブルが起きれば、企業の信頼を損なう上、要らぬ出費も予想されますので、トラブル未発生はイベントのPR効果ばかりでなく、低いコストにもつながります。

また、新製品の認知度向上はPR効果だけでなく、売上アップにも寄与するはずです。残念ながら、コストの面では競合他社に対して勝ち目はありませんので、リスク低減とイベント効果向上を強調することにします。

交渉時には、まず、通訳者の質が低いと外国からの参加者の評価が下がる懸念があること、知名度の高い講演者やパネリストを招くことで参加者の関心が高まるばかりか、メディア受けもよくなることを訴えます。

また、**自社は知名度の高い講演者などを起用するとともに、質の高い通訳者を配置する予定であること**、一方他社は総額を下げるために、知名度の低い講演者、質の低い通訳者などを予定している可能性があること、その場合はイベント時にトラブルが発生する恐れもあり、かえってコストが高くつくと顧客に働きかけることにしました。毎年、実施しているからこそ、安心して任せていただけることも最後に強調することにしました。

フロー図①

「因果関係」を整理し、解決策を導き出す

ケース3の「低価格の缶コーヒーを売り出すにはどうしたらよいか」を見てみましょう。

STEP1（83ページ）で「近年の缶コーヒーに関する状況」を書き出しました。

・缶コーヒーの種類は近年、急速に多様化した
・缶コーヒー市場に参入する企業が増えた
・ペットボトル型コーヒーが目につくようになった
・広口ボトル型缶コーヒーが出てきている
・従来型の形状の缶コーヒーは新味性に欠けるようになってきた

ＳＴＥＰ２（１３５ページ）でこの５つを矢印でつなぎ、「缶コーヒー市場の競争が激化しており、飽和状態になりつつある」との状況分析を行いました。

これらの要素をフロー図に落とし込んでいきます。

因果関係に飛躍があるかどうかをチェックしながら、飛躍のある箇所があれば要素を追加しましょう。

図にしてみると、従来型の缶コーヒーのラインは稼働率が低くなっている可能性が浮かび上がってきました。

つまり、**従来型の缶コーヒーの製造ラインを保有しているが、需要がなくてストップしているラインを持つメーカーに、製造委託を働きかけるのがよい**と考えられます。

その場合、休止ないし稼働率の低い従来型の形状の缶コーヒーの製造ラインを安く使うことができるかもしれません。

メーカー側も機械を休ませておけば収入はゼロですが、使えば何がしかの収入を得られるからです。

ただし、同社のプライベートブランド商品を製造する分だけ、そのメーカーが製造している別の商品が売れなくなってしまっては問題です。

そこで、次の2つの点を満たすメーカーがねらい目といえます。

・従来型の缶コーヒーの製造ラインを多く保有している
・同社（スーパーマーケット）の店舗立地エリアと、そのメーカーが製造している他商品の納入エリアが重なっていない

ただし、たとえ同一エリアで販売する場合でも、商品の特性や購入層が大きく異なっていれば、2点目は気にしなくてもよいでしょう。

対策としては、これらの条件でメーカーをふるいにかけ、適切な委託先候補を選定の上、製造委託を働きかけるのが望まれます。

状況を論理的につかむことで、答えが導き出せる

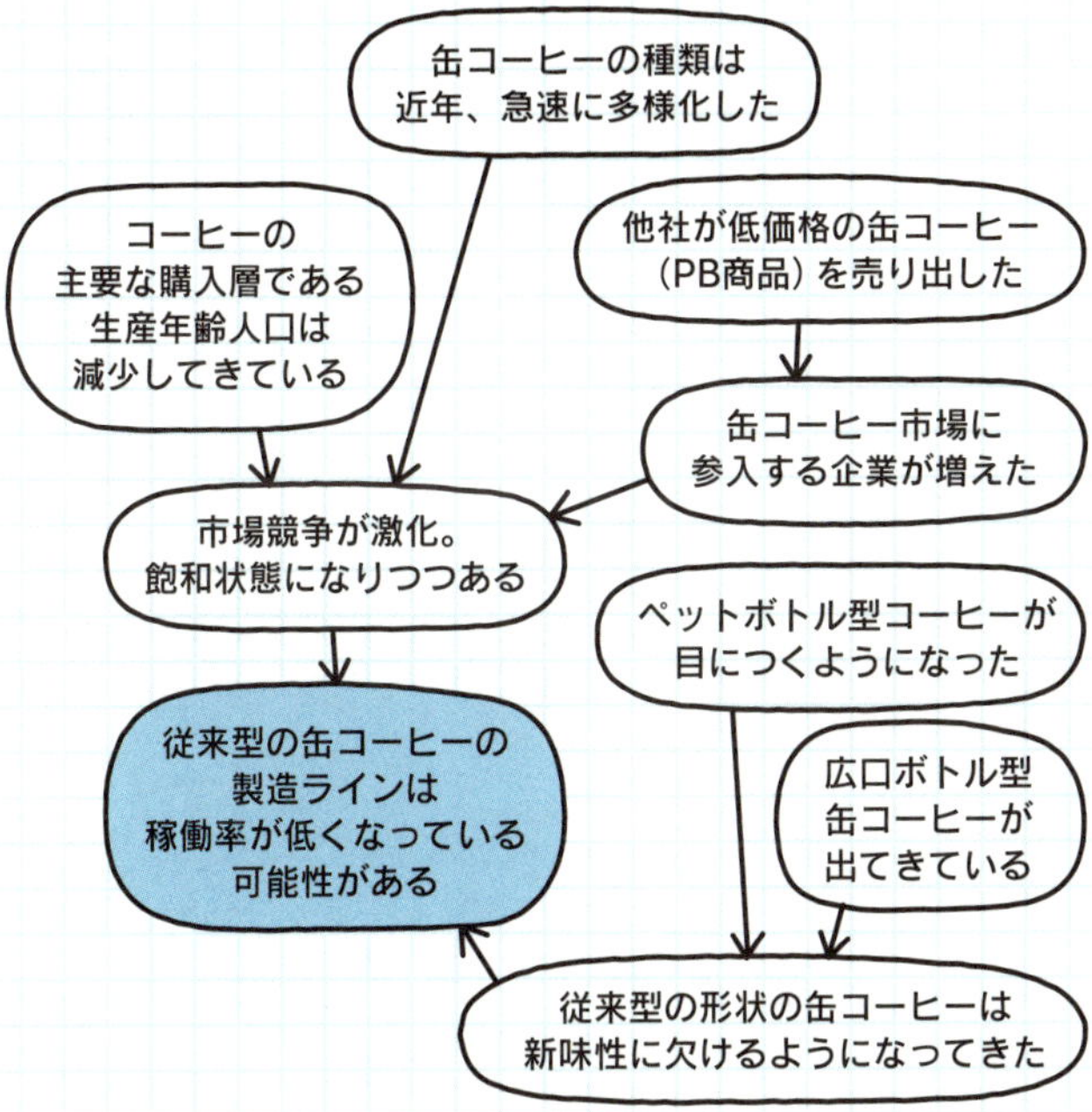

★導き出した答え(対策)

従来型の缶コーヒーの製造ラインを保有する飲料メーカーの中で、休止状態にあるメーカーのラインを探して、活用するのがよい!

フロー図②

因果関係を整理し、「ボトルネック」を見つける

ケース4の「仕事が期限内に終わりそうにない場合、どうすればよいか」では、STEP2の作業（139ページ）で「一質問あたりの確認時間が長い」ことが原因であると予想がつきました。

因果関係を示したフロー図を作成し、考察を深めましょう。

調べてみると、やはりひとつの回答を聞くのに、通常の調査の倍近くの時間を要していることがわかりました。集計に求められる精度以上に丁寧に確認を行っていたのです。今回の集計に必要なレベルを確認の調査員に十分に伝えていなかったことが根本原因と考えられます。

回答者から**確実に確認しなければならない事項を明示**し、**それ以外は確認しなくてよいことを伝え**、確認作業を行うことで予定の期日に間に合わせられました。

浮かび上がった「ボトルネック」から対策案を導き出す

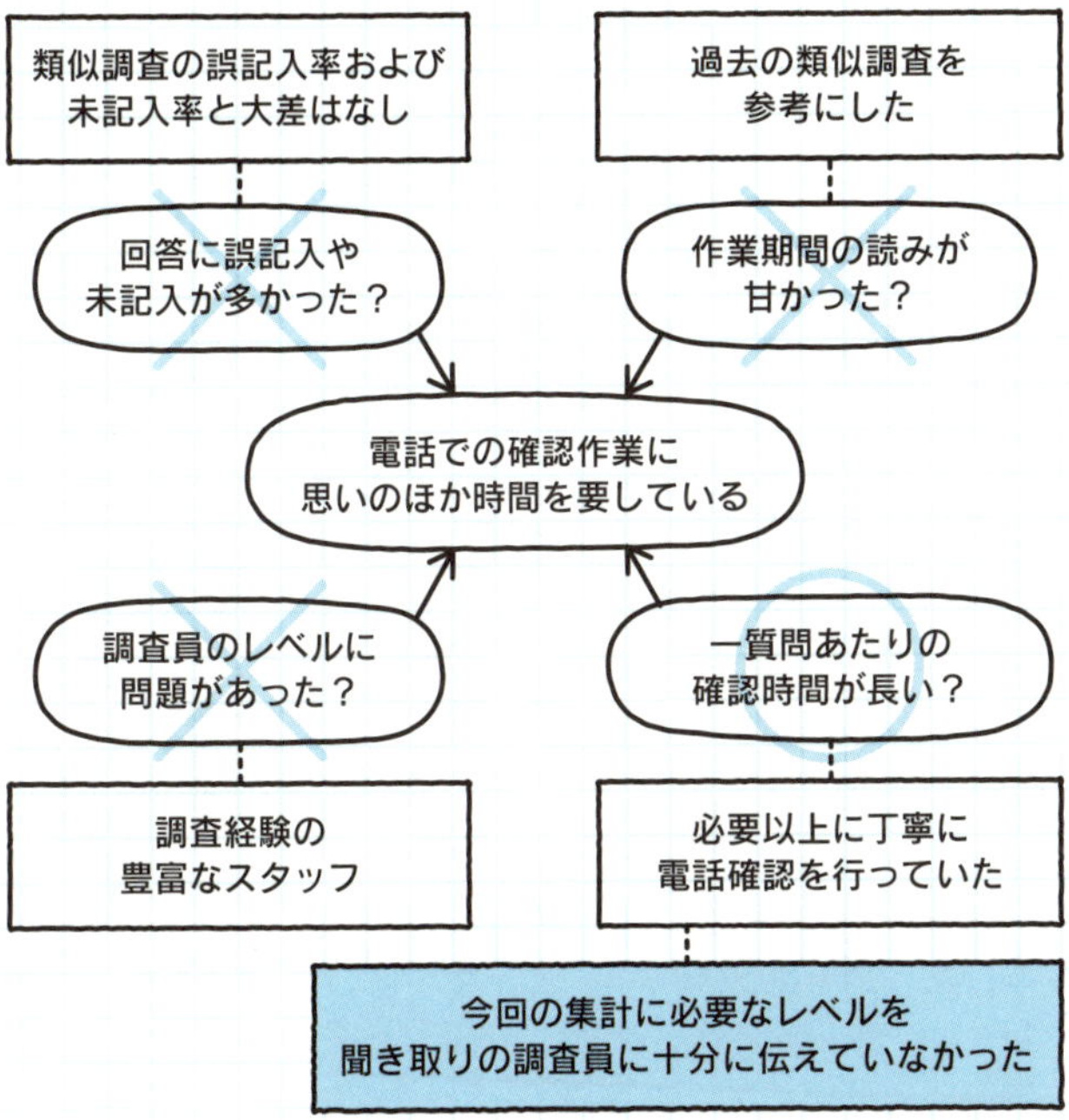

★導き出した答え（提案事項）

- 調査員に「確実に確認しなければならない事項」を明示。
- それ以外は確認しなくてよいことを伝える。

マトリクス図①

2つの軸で問題点を整理し、パターン別の対策を導き出す

ケース5「顧客への商品の納期遅れをなくすにはどうしたらよいか」では、具体例の違いや共通点を比べることで、「問題発生の時期（配達前か配達中か）」と、「責任の所在（自分のミスか不可抗力か）」という2つの軸が出てきました（143ページ）。

マトリクス図を描いてみます。自分のミスかそうでないか、つまり「責任の所在」によって、とれる対策はまったく異なることに気づきます。

前者は事前の準備でトラブルをなくすことが可能であるのに対し、後者はそれが難しいため、問題発生を防ぐというよりは、より適切に事後処理を行うことが大切と考えられます。配達前のトラブルと配達中のトラブル、つまり「問題発生の時期」でも異なる対応が必要です。つまり、**2×2の計4タイプに分けて対策を検討すれば、対策のツボを押さえることができます**。

マトリクスにすることで対策のツボが押さえられる

問題発生の時期 ＼ 責任の所在	配達前	配達中
自分のミス	納期を忘れる 日常的に気をつけること	配達中に道に迷う 会社を出る前に準備すること
不可抗力	納品する製品が本部から届かない 訪問先と調整すること	ひとつ前の納品先でトラブルが発生し、引き止められる 外出中に早急に対応すること

★導き出した答え（結論）

・納期を忘れる
　→スケジュール表を机の前に貼っておく

・配達中に道に迷う
　→配達経路を入念に調べておく

・納品する製品が本部から届かない
　→製品が到着する予定時刻を確認し、スケジュールの調整を申し出る

・ひとつ前の納品先でトラブルが発生し、引き止められる
　→出先から訪問先に事情を伝え、
　到着時刻が遅れる旨を了承してもらう

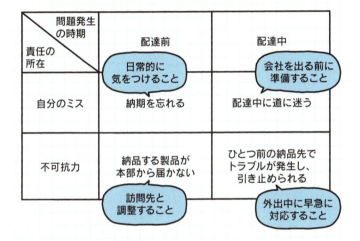

マトリクス図②

異なる要素を組み合わせ、新しいアイデアを生み出す

ケース6の「新しい商品のアイデアを出すにはどうしたらよいか」について考えてみます。

STEP2（147ページ）で、「旅行の価値」に着目し、「新しい体験」の提供と「移動と滞在」という2つの機能を組み合わせたサービスの2つを、また、通常の旅行商品との違いに着目した「軸」として、「旅行以外の要素を追加」「宿泊費が安い」の2つを取り上げました。

横軸に「移動と滞在」と「新しい体験」、縦軸に「旅行以外の要素を追加」「宿泊費が安い」と記述し、今回の具体例をマス目に入れてみます。

空白のマス目を含め、当てはまるものを考えることにより、新しいアイデアを探し

空白のマス目を埋めることで新しいアイデアがつくれる

		旅行の価値	
		移動と滞在	新しい体験
通常の商品との違い	旅行以外の要素を追加	逆帰省サービス	メディカルツーリズム
	宿泊費が安い	民泊	・ヘルスツーリズム ・添乗員なりきりツーリズム

★導き出した答え（提案事項）

・ヘルスツーリズム：
健康づくりをかねた旅行ツアー

・添乗員なりきりツーリズム：
ツアー参加者自身が添乗員となる

・逆帰省サービス：
お盆の時期に子どもが帰省する代わりに、逆に祖父母が子どもたちに会いにいくのを支援する旅行サービス

ていきます。たとえば次のとおりです。

「ヘルスツーリズム」は、安くても満足できる旅行として、健康づくりをかねた旅行ツアーを企画するものです。たとえば、レンタサイクル、ウォーキング、森林浴、民泊などを組み合わせ、ツアー前と後で心の健康状態や体の健康状態（体脂肪率など）の変化をチェックするなどが考えられます。

「添乗員なりきりツーリズム」は、パックツアーに添乗員を同行させればその分コストがかさみ商品価格が上がりますが、「旅行者自身」が添乗員であればそれが不要という点に着目した旅行商品です。たとえば、「旅行商品の企画づくり講習」、「添乗員養成研修」などを有料で受講して合格した場合、無料で旅行ツアーに参加し、期間中、添乗員としての役割を果たすことができるなどの要件を課し、サービスの質の担保を図ります。

「逆帰省サービス」は、お盆の時期に子どもが帰省する代わりに、逆に祖父母が子どもたちに会いにいくのを支援する旅行サービスです。たとえば都市部のホテルを借り、ケータリングを用いた親族のパーティを開くといったイベント支援サービスをパッケージ化します。

都心であれば孫たちも参加しやすく、帰省ラッシュと逆の、地方から都市部への移動なので混雑もあまりないという点が長所です。

ベン図①

2つの円が重なる領域から、合意できるポイントを導き出す

次にケース7を見ていきましょう。

このケースは、新商品の開発担当者が新商品の発売時期を遅らせたいと主張。販売担当者は予定通りの時期に販売したいと主張。「社内の部署間の対立を解消するにはどうしたらよいか」という内容でした。

STEP1（99ページ）で両者の主張を書き出し、STEP2（153ページ）で両者の主張の裏にある価値観では、それぞれ「製品の質」「発売時期」が重視されているということが推察されました。

ただし、まだ表層的な気がしますので、もう一段、突き詰めて考えてみたいと思います。

より深層を探れば2人の接点が見つかるはずです。

まず、開発担当者が製品の質を重視するのはなぜでしょうか。推測の域を出ませんが、ものづくりへの職人的なこだわりの意識があるのかもしれません。

なお、実際のケースでは聞き取りを行い、推測の精度を高めることをお勧めします。ここでは**「本人の納得感」**としておきましょう。

一方、販売担当者であるあなたの「発売時期」を重視する理由はどこにあるのでしょうか。

競合他社が新製品の発表を予定している時期よりも先に話題を提供したいとの思いが根本にありそうです。

「市場へのインパクト」の重視としておきましょう。

2つの主張だけを見ていては、折り合いはつきそうもありませんでしたが、2人の主張の背景にある考え方に着目したとき、接点は見つかりそうです。

ベン図を描くと、193ページのようになります。

開発担当者は本人が納得できるモノが最終的に出来上がればよいと思われます。逆に言えば、試作品をつくり、テストマーケティングを行うことはＯＫしてくれるかもしれません。

使い勝手を試してもらい、改良に関する意見をもらえればさらによいものになる可能性があるためです。

また、販売担当者であるあなたは、市場へのインパクトがあればよいのですから、年末はとりあえず本格発売でなくてもかまわないでしょう。

したがって、第一段階は、年末に台数限定でテストマーケティングとして新製品のベータ版を発売して話題を提供することとし、第二段階はモニターになってもらった消費者から意見を聞き、改良して、夏に本格的に販売するというように、二段階に分ける方法が、打開策のひとつに考えられます。

「２つの円が重なる部分」が答えになる

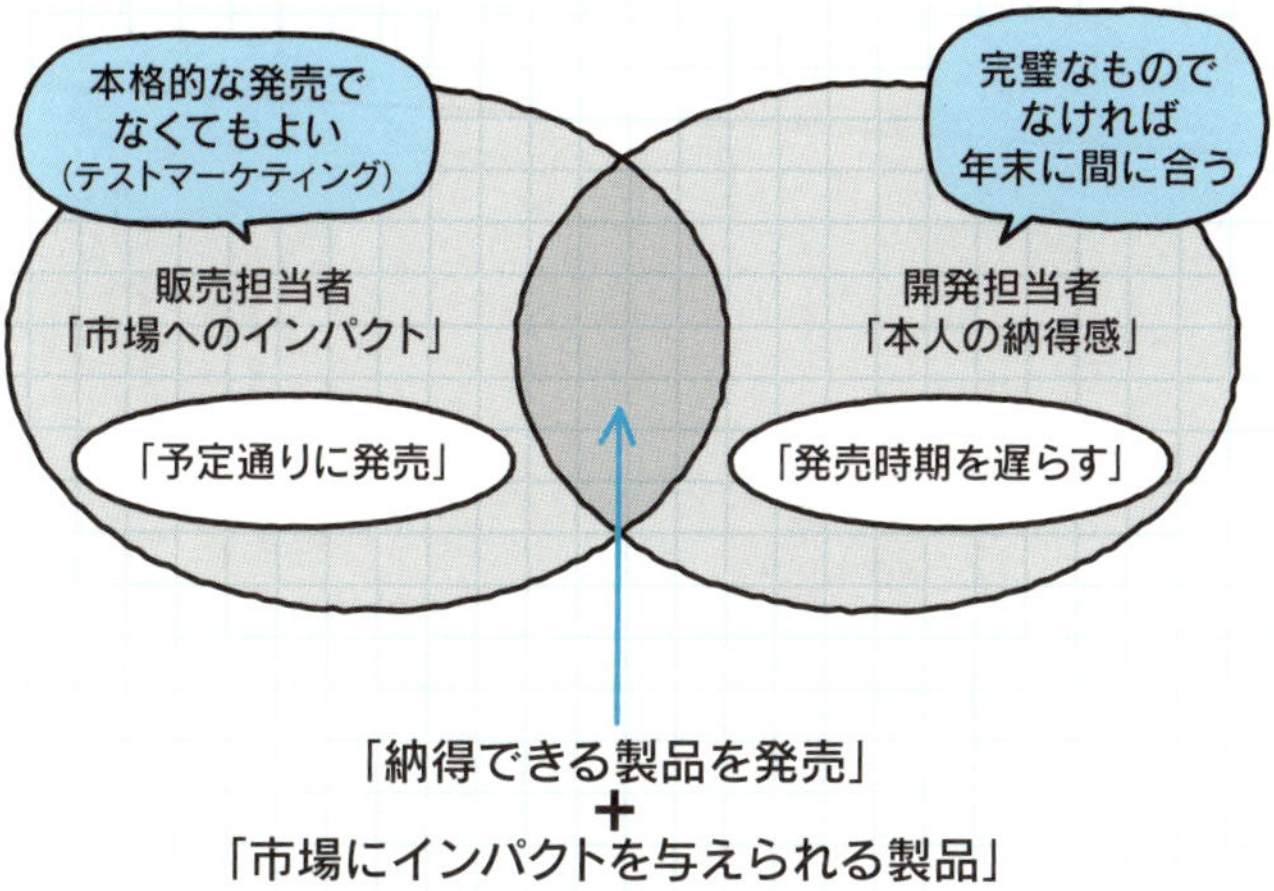

★導き出した答え（提案事項）

・年末に台数限定でテストマーケティングとして新製品のベータ版を発売。
・モニターになってもらった消費者から意見を聞き、改良して、夏に本格的に販売する。

ベン図②

重なる2つの円から3タイプの「落としどころ」を導き出す

ケース8の「業務委託先からの増額要求に対処するにはどうしたらよいか」についてもベン図を描き、解決策を模索したいと思います。

ケース7と同様に、業務委託先と自社の主張の背景にある考え方をそれぞれ探ることで合意可能な内容を抽出します。

STEP1（103ページ）で、業務委託先は「受注額の増額を要求」、自社は「増額したくない」というそれぞれの主張を書き出しました。

そして、STEP2（157ページ）では、業務委託先の主張の背景に「適正利益を確保したい」、自社の主張の背景として「部署で使える予算が決まっている」と書きました。

前のケースと同様に、**双方の「主張」を成り立たせる策はなくても、双方の「背**

「歩みより」「働きかけ」「痛みわけ」の3タイプの答えが出せる

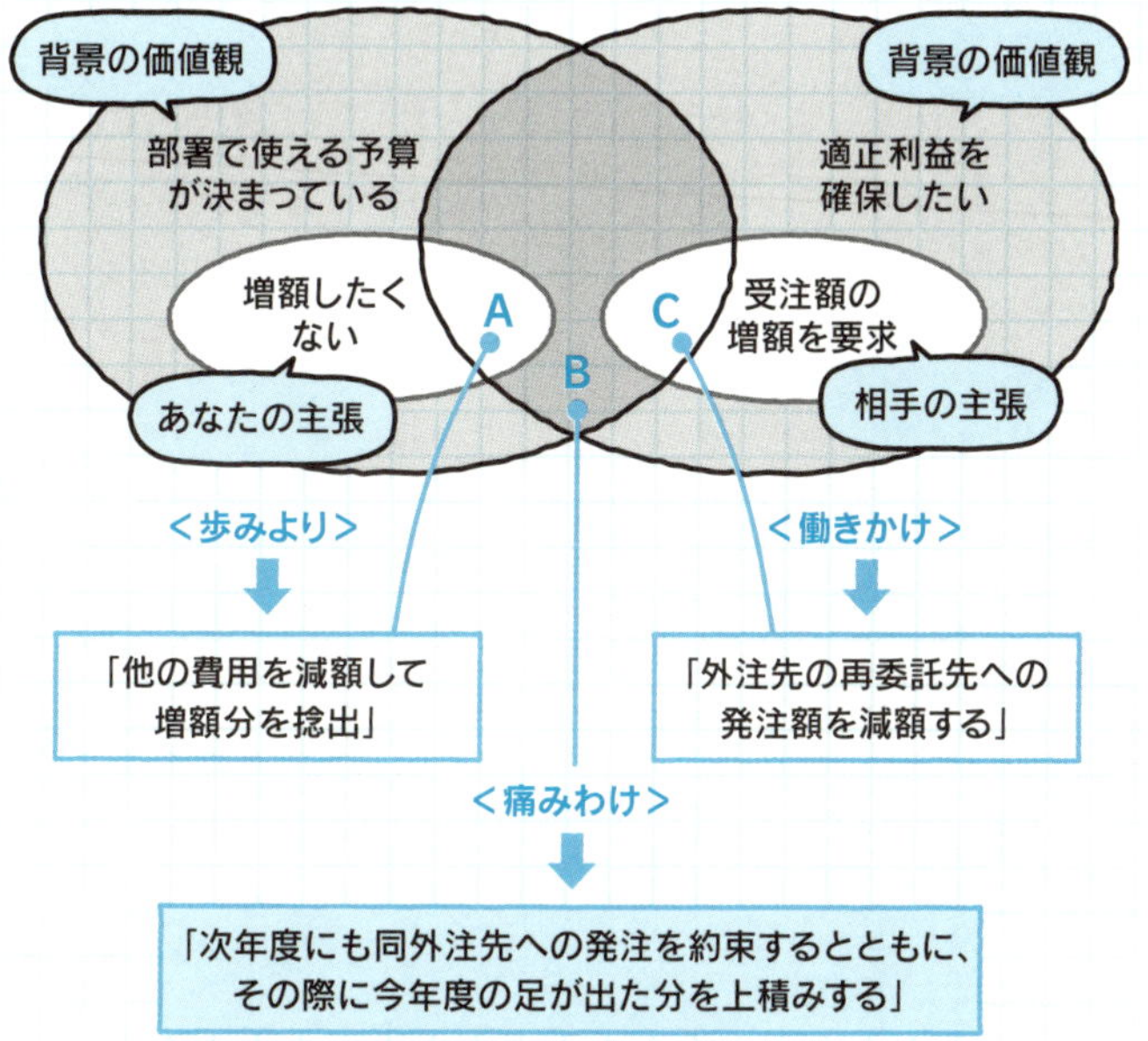

★導き出した答え（提案事項）

案1　「外注先の再委託先への発注額を減額する」
案2　「他の費用を減額して増額分を捻出」
案3　「次年度にも同外注先への発注を約束するとともに、その際に今年度の足が出た分を上積みする」

景」を両立させる方法はあるかもしれません。

まず、「適正利益の確保」ができるなら、増額しなくても了承してくれる可能性はあります。

大きな円（「適正利益を確保したい」）に含まれ、かつ、小さな円（「受注額の増額を要求」）には含まれないドーナツ状の領域（網掛け部分）に該当します。

一方、あなたも部署で使える予算の総額を変えずにすむなら増額してもかまわないと考えています。

これは、大きな円（「部署で使える予算が決まっている」）に含まれ、かつ、小さな円（「増額したくない」）には含まれないドーナツ状の領域（網掛け部分）に該当します。

このあたりに着目してみます。

まず、前ページの「Aの領域」に当てはまる内容を考えます。

部署で使える予算の総額を変えず、この事業の費用を増額する道です。

たとえば、部署予算の中で、別の使途の費用を削ることで増額費用を捻出する方法があるかもしれません。

「Cの領域」は**増額せずに適正利益を確保する道**です。たとえば外注先から再委託した費用の減額交渉を同社にお願いする方法などが考えられます。

また、「Bの領域」は**社内調整をせず適正利益を確保する道**です。

たとえば予算がないのは今年度の話なので、「次年度にも同外注先への発注を約束するとともに、その際に今年度の足が出た分を上積みする」という方法が考えられます。

今年と来年、合わせてみれば外注先にとって妥当な発注額になるし、あなたの会社も次年度の予算編成にはまだ間に合うので対応可能です。

外注先に働きかける余地はあるものと思われます。

点グラフ①

点在する「候補」から最適な「解」を選び出す

ケース9の「適切な発注先を見つけるにはどうしたらよいか」について点グラフを描いて最適解を見つけたいと思います。

ケース9の内容は次のようなものでした。

不動産会社に勤めるあなたは、医療施設と商業施設を複合化した新たな施設を整備するため、建設会社を選定する必要があります。ただしオープンまでの期間が短く、早急に竣工させなくてはなりません。

しかも、医療施設と商業施設の複合施設という特殊な建物の設計ノウハウが要求されています。

最適な建設会社を見つけるには、どうしたらよいでしょうか。

「設計および施工に要する平均期間」と「類似プロジェクトの実績数」の2つの指標を用いて描いてみましょう。

そのためには、各社から見積もりと類似プロジェクトの実績数を入手するとともに、本件の設計および施工に要する平均期間を見積もってもらいます。

各社の設計および施工に要する平均期間を横軸に、類似プロジェクトの実績数を縦軸に取り、平均値を原点にしてプロットすると201ページのようになりました。

設計および施工に要する平均期間は短く類似プロジェクトの実績数は多いほうが、適した会社と考えられますから、両者の条件をそれなりに満たしているのは、類似プロジェクトの実績数としては2番目に多く、設計および施工に要する平均期間については3番目に短いD社と結論付けました。

しかし、**実績の豊富さよりも期間の短さが重視されるとなれば別の解になる可能性もあります**。

たとえば、18ヶ月以内にオープンすることが前提条件であるとしたら、19ヶ月以上を要する会社はいくら実績が多くても除外されます（201ページ下のグラフ）。

また、施工等の期間が短く、実績数の多い会社が複数出てきたとき、「期間」と「実績数」のどちらを重視するかで答えが変わります。

場合によれば他の情報を含めながら検討する必要があるということです。

また、2つの軸の尺度は異なりますので、厳密にグラフを描く際には、尺度を合わせる標準化（「件数」「ヶ月」といった単位をなくす数学的な処理です。実際の値を偏差値に換えるイメージです）が必要です。

各候補の「特徴」が ひと目で理解できるようになる

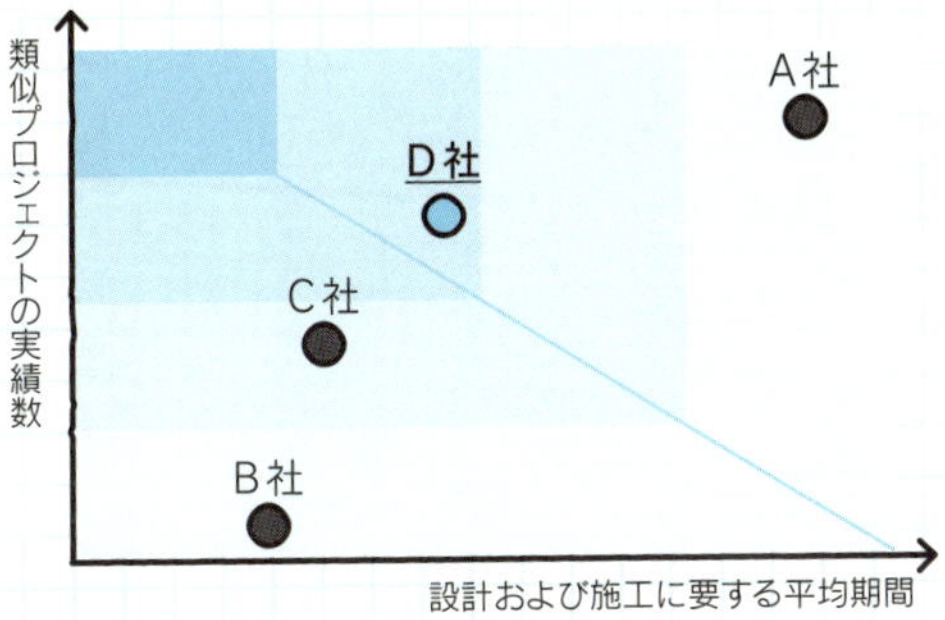

★導き出した答え（結論）

・類似プロジェクトの実績数が多めで、設計および施工に要する平均期間がそれほど長くない「D社」が望ましい。

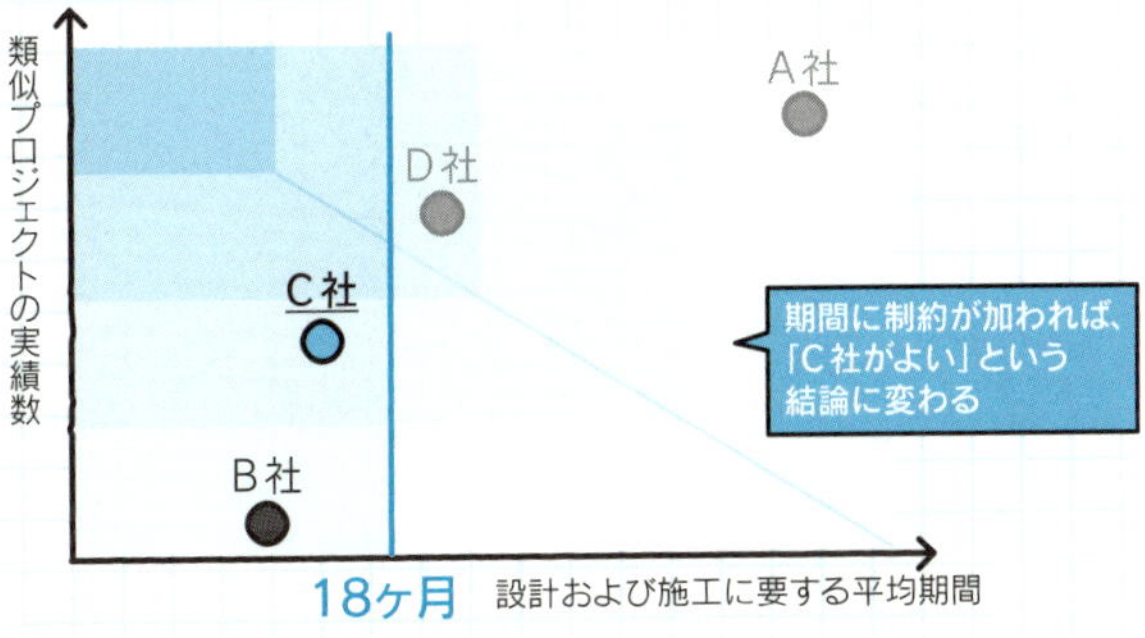

点グラフ②

2つの軸で整理されたグラフから「メリット」を明確にする

ケース10「自社の製品を売り込むにはどうしたらよいか」について考えてみます。

コピー機メーカーの子会社に勤める営業担当のあなたは、自社が扱うコピー複合機のリース契約を増やす業務を行っています。

複合機ですから、コピー機やファックス機やプリンタをそれぞれ単体で別々にリースするより、リース代を安くすることが可能です。

まだ複合機を導入していない企業に対し、自社が扱う製品を利用してもらえるよう売り込むにはどうすればよいでしょうか。

具体例は次の「自社が扱う複合機A～Dの4タイプ」となります。

・月々のリース料金は全タイプ中最も高いが、1枚当たりの出力コストは最も低いタイプA

・出力コストは最も高いが、リース料金は2番目に低いタイプB
・出力コストは2番目に低く、リース料金は2番目に高いタイプC
・リース料金は最も低いが、出力コストは2番目に高いタイプD

「リース料金」と「1枚当たりの出力コスト」の2軸で点グラフを描くと205ページのとおりになりました。

同社の製品は、リース料金は高いが、1枚あたりのコストは低いタイプと、逆に1枚当たりのコストは高いが、リース料金は安いタイプに大別されることがわかります。

前者は、使用枚数が多い企業はお得、後者は使用枚数が少ない企業はお得といえます。

売り込み先はかなりの量のコピーを行っているようなので、最も1枚当たりの出力コストの低いタイプAがよさそうですが、自社が扱う複合機をリースすれば現状よりもどの程度維持費が下がるのかを具体的に示したいので、売り込み先の月間の平均使用枚数を確認しましょう。

売り込み先から情報を入手したところ、コピー機やファックス機などの使用枚数の総数は月平均50万枚であることがわかりました。

そこで、「1ヶ月当たり50万枚使用した場合の月額の維持費総額（リース料金と50万枚の出力に応じたカウンター料金の合計）」と「1枚当たりの出力コスト」の2軸でもプロットしてみました。

タイプDを除くどの製品に替えても、毎月の維持費は現状よりもコストダウンできる計算になります。

中でもタイプAの製品は最も低いコストとなることがわかります。

そこで、自社が取り扱っているタイプAの複合機に乗り換えると年間の維持費がいくら少なくなるのかを計算し、具体的な数値を用意した上で売り込み先を訪問するのがよいと考えられます。

軸を調整し、「候補」をさらに絞りこむ

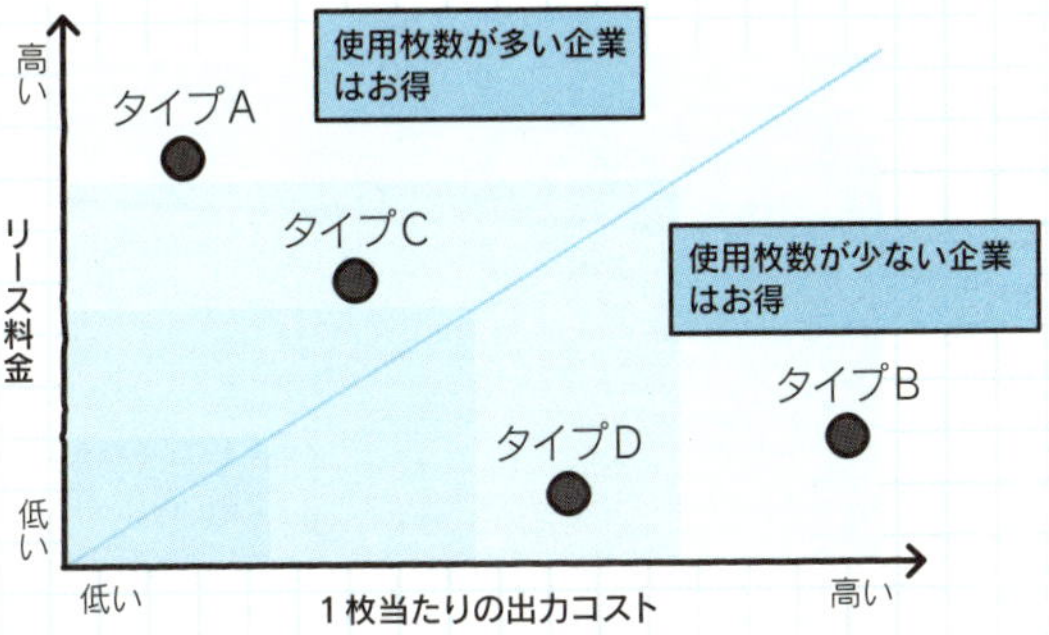

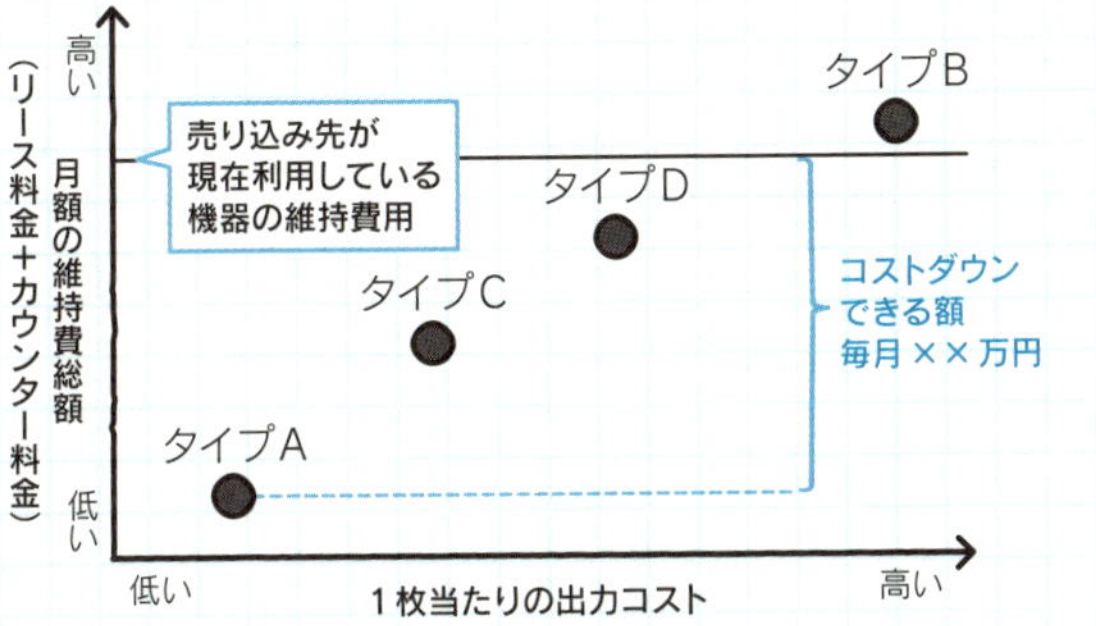

★導き出した答え（結論）

タイプAの複合機に替えると、毎月××万円のコストダウンを図ることができる

おわりに

皆さん、いかがでしたか?

図を使って考えることの魅力が少しでも伝わったなら大変嬉しいです。

そして、早速、試していただくよう皆さんにお願いします。

「頭で理解する」ことと「使いこなせる」ことは、まったく違うからです。

本書で取り上げた10のケースは、図を描いた結果としての結論をそれぞれ示しています。ただし、注意しなければならないのは、これらの結論が正しいとは限らないという点です。

図を描くのは「正解」にたどり着くためではなく、「適切な結論」を導くためにできる限り効果的かつ効率的に頭を働かせるためです。そのため、同じ状況や問題であっても、別の人が描けば、異なる図になるはずです。

抱えている問題や課題への認識が深まれば、より適切な視点を見つけやすくなります。一度描いたらおしまいにするのでなく、同じ問題を何度か考えてみることをお勧めします。

図を描いて考えることで、本書の結論よりも適切な答えを皆さんが見つけられたら、それは著者にとって望外の喜びです。

図を描きながら考えることに慣れてくると、自然に頭の働かせ方が変わってくるのを実感するに違いありません。

きっと「考えること」が、これまでよりも楽しくなると思います。

最後に、ＫＡＤＯＫＡＷＡの編集担当の鯨岡純一さんにはお世話になりました。本づくりのプロとしての姿勢に大いに刺激を受けるとともに、随所で適切なアドバイスを頂きました。この場を借りてお礼を申し上げます。

奥村隆一

〔著者紹介〕
奥村　隆一（おくむら　りゅういち）
三菱総合研究所主任研究員。
1968年神奈川県生まれ。一級建築士。1994年早稲田大学大学院理工学研究科修士課程修了。同年、三菱総合研究所に入社。少子高齢問題、共生社会政策、雇用・労働政策に関わる研究やコンサルティングを行なっている。また、これまでに延べ1000人以上のビジネスパーソンに「考えをまとめる技術」の研修を実施している。
2014年より、サイバー大学客員准教授。
「浦安市市民参加推進会議」会長、「狛江市男女共同参画推進計画改訂委員会」委員長を歴任、2015年より「狛江市市民参加と市民協働に関する審議会」会長を務めている。
おもな著書に『自分の考えをまとめる練習ノート』『図解　人口減少経済 早わかり』（以上、KADOKAWA）、『考えを整理する技術・伝える方法』（PHP研究所）、『考えをまとめる・伝える図解の技術』（日本経済新聞出版社）など、「図で考えをまとめるスキル」に関する書籍を数多く執筆している。

仕事が速い人は図で考える

2016年12月9日　第1刷発行

著　者　奥村　隆一（おくむら　りゅういち）
発行者　川金　正法

発　行　株式会社KADOKAWA
東京都千代田区富士見2-13-3　〒102-8177
電話　0570-002-301（カスタマーサポート・ナビダイヤル）
受付時間　9:00～17:00（土日 祝日 年末年始を除く）
http://www.kadokawa.co.jp/

落丁・乱丁本は、送料小社負担にて、お取り替えいたします。

KADOKAWA読者係までご連絡ください。

（古書店で購入したものについては、お取り替えできません）

電話049-259-1100（9：00～17：00／土日、祝日、年末年始を除く）

〒354-0041　埼玉県入間郡三芳町藤久保550-1

DTP／ニッタプリントサービス　印刷所・製本所／図書印刷

©Ryuichi Okumura 2016　Printed in Japan.
ISBN978-4-04-601812-0　C0030

本書の無断複製（コピー、スキャン、デジタル化等）並びに無断複製物の譲渡及び配信は、著作権法上での例外を除き禁じられています。また、本書を代行業者などの第三者に依頼して複製する行為は、たとえ個人や家庭内での利用であっても一切認められておりません。